Katja Sundermeier
Der Beziehungsführerschein

Zu diesem Buch

»Wie konnte ich nur so blind sein«, »Ich habe mich komplett in ihm/ihr getäuscht« oder »Der/Die paßt doch nicht zu mir« – statt im siebten Himmel eine gemeinsame Zukunft zu planen, stehen viele Paare nach der ersten Verliebtheit vor zerstörten Träumen, Tränen, Trennung. Schnell suchen wir die Schuld beim Partner. Dabei sind es meistens unbewußte Verhaltensmuster, die uns in einer Beziehung immer wieder an die Grenzen des Ertragbaren bringen und für Zoff sorgen. Die renommierte Psychotherapeutin Katja Sundermeier setzt genau an diesen wunden Punkten der eigenen Persönlichkeit an. Die Erfinderin der erfolgreichen Simply Love® Strategie zeigt in diesem Beziehungsführerschein, was Sie allein oder zu zweit tun können, um Ihre große Liebe mit Vollgas durch viele, viele Jahre zu steuern.

Katja Sundermeier, geboren 1966, studierte Psychologie und arbeitete in verschiedenen Kliniken für Psychosomatik, bis sie sich 1992 als Psychotherapeutin, Coach und Managementtrainerin selbständig machte. Ihr erstes Buch »Die Simply Love® Strategie« hat aus vielen Singles Paare gemacht. Die Autorin lebt mit ihrer Familie vorwiegend auf den Seychellen, hält aber regelmäßig Seminare und Coachings in Deutschland ab. Zuletzt erschien »Der Beziehungsführerschein. Mit Simply Love auf Dauer glücklich«. Weiteres zur Autorin: www.simply-love.de

Katja Sundermeier

Der Beziehungsführerschein

Mit Simply Love auf Dauer glücklich

Mit 34 Originalillustrationen von
Christiane Gerstung

Piper München Zürich

Von Katja Sundermeier liegen bei Piper im Taschenbuch vor:
Die Simply Love® Strategie
Der Beziehungsführerschein

Für meinen Vater und meine Freundin
Gabi Lohmann

FSC

Dieses Taschenbuch wurde auf FSC-zertifiziertem Papier gedruckt. FSC (Forest Stewardship Council) ist eine nichtstaatliche, gemeinnützige Organisation, die sich für eine ökologische und sozialverantwortliche Nutzung der Wälder unserer Erde einsetzt (vgl. Logo auf der Umschlagrückseite).

Ungekürzte Taschenbuchausgabe
Juli 2007

erschienen im Verlagsprogramm Kabel by Piper
Umschlag/Bildredaktion: Büro Hamburg
Heike Dehning, Charlotte Wippermann,
Alke Bücking, Daniel Barthmann
Umschlagabbildung: Büro Jorge Schmidt, München
Autorenfoto: Peter von Felbert/Anne Eickenberg
Papier: Munken Print von Arctic Paper Munkedals AB, Schweden
Druck und Bindung: Clausen & Bosse, Leck
Printed in Germany ISBN 978-3-492-24987-4

www.piper.de

Inhalt

Einleitung

Das Geheimnis der Liebe

Das Wort »Liebe« gehört zu den am häufigsten verwendeten und mißbrauchten Begriffen. Über die Liebe und alles, was damit zu tun hat, wird nachgedacht, geredet, gesungen, geschrieben, philosophiert ... Was aber ist dieses Gefühl überhaupt, dieser Zustand, nach dem wir uns alle so sehr sehnen? Wir alle wünschen uns die »große Liebe«, einen Menschen, der uns bedingungslos liebt, von dem wir uns verstanden, respektiert, unterstützt und anerkannt fühlen und mit dem wir darüber hinaus unser ganzes Leben verbringen wollen. Mit ihm wollen wir unsere Sexualität leben, Spaß haben, gleiche Werte und Ziele verfolgen, zum Beispiel eine Familie gründen. Aus Umfragen wissen wir, daß den meisten Menschen eine glückliche Partnerschaft wichtiger ist als beruflicher oder finanzieller Erfolg. Die Realität sieht jedoch anders aus: Überall finden wir Menschen, die in ihrer Partnerschaft unglücklich sind. Zudem gibt es mittlerweile zirka 13 Millionen Singles in Deutschland. Viele von ihnen sind seit langer Zeit auf der Suche nach einem Partner. Und auch die Scheidungsrate ist nach wie vor sehr hoch. So wird durchschnittlich jede zweite Ehe in der Stadt und jede dritte Ehe auf dem Land geschieden. Dabei kennen wir wohl alle den guten Vorsatz zu Beginn einer Beziehung, die Partnerschaft harmonisch zu gestalten und Konflikte konstruktiv zu meistern. Schließlich geht jeder Scheidung eine Eheschließung, jedem Beziehungskonkurs ein Gefühl von Verliebtheit oder sogar Liebe voraus. Wie aber gehen wir mit der Liebe und unserem Partner in der Zeit, die dazwischen liegt, um? Wieso gelingt es nur so wenigen Menschen, auf Dauer glücklich und in Liebe mit ihrem Partner zusammenzuleben? Wollen wir etwas Unmögliches? Der Wunsch nach einer glücklichen, erfüllten und dauerhaften Partnerschaft verbindet uns alle.

Wir alle haben das Bedürfnis nach Verbundenheit mit einem Menschen, den wir lieben und von dem wir geliebt werden möchten.

Wir brauchen die Gewißheit, daß der Partner auf unsere Bedürfnisse eingeht. Wir brauchen Nähe und Zärtlichkeit wie Essen und Trinken. Wir wünschen uns Sicherheit und Geborgenheit. Wir wollen und müssen dem anderen vertrauen können, um ein Fundament für unsere Beziehung zu haben. Fürsorge, Unterstützung und Anerkennung helfen uns dabei, uns wohl zu fühlen. Und natürlich wollen wir auch sexuell angezogen werden und sexuell für den Partner anziehend sein.

Wir wollen lieben und geliebt werden.

Das ist die Theorie. Geht es jedoch um die praktische Umsetzung, versagt der Großteil von uns leider jämmerlich. Sind wir dazu verdammt, das höchste, schönste und wohl wichtigste Gut in unserem Leben nicht erreichen zu können? Sind und bleiben wir in puncto »Leben zu zweit« ein Entwicklungsland? Oder sollte sich auf unserem Planeten ein Trennungsvirus eingenistet haben, den noch keiner erkannt hat?

Wer von uns hat folgendes nicht schon einmal erlebt? Wir haben einen Partner, sind verliebt, fühlen uns geliebt und wollen mit ihm unser Leben teilen. Dann kommt es zum ersten »Crash«, zu den ersten Verletzungen, der ersten großen Krise – und weitere folgen. Nach den ersten Unstimmigkeiten, Streitereien und Kommunikationsproblemen werden die ersten Kompromisse geschlossen. Doch mit der Zeit stellt sich eine Langeweile ein, der man zu entfliehen versucht. Schließlich kommt es zu einer Distanzierung auf allen Ebenen. Einer der beiden Partner beginnt womöglich fremdzugehen. Spätestens an diesem Punkt stellen wir uns folgende Fragen: Ist er wirklich der Richtige? Liebt er mich genug? Passen wir eigentlich zusammen, wenn wir solche Probleme miteinander haben? Gibt es einen besseren Partner für mich? Weshalb streiten wir uns so häufig? Warum versteht der andere mich nicht? Wieso tut er mir das an? Irgendwann sehen wir nur noch Sackgassen vor uns. Und meistens ist dies der Anfang vom Ende. Dabei hat doch alles so schön und verheißungsvoll begonnen, was ist in der Zwischenzeit nur passiert? Wieso werden aus Liebenden plötzlich Menschen, die sich nichts mehr zu sagen haben? Warum haben sie keine Lust mehr aufeinander? Weshalb entstehen aus all den guten Gefühlen von einst Unverständnis, Sprachlosigkeit, Unsicherheit, Hoffnungslosigkeit, Ablehnung, Lustlosigkeit und manchmal sogar Haß? Müssen wir uns damit abfinden oder gibt es Lösungen – außer der, sich zu trennen und sich einen neuen Partner zu angeln, mit dem es vielleicht nicht die gleichen, dafür aber andere Probleme gibt?

Ich selbst habe nächtelang wach gelegen, geweint, gezickt und mich gesorgt – von Magenschmerzen und Stimmbandabrieb durch Endlosdiskussionen und Streitereien ganz zu schweigen. Natürlich erging es mir wie allen anderen Menschen auch. Das Wissen, das ich mir als Therapeutin angeeignet hatte, war zwar gut und schön, doch in dem Augenblick, in dem ich den Schmerz der Verletzung, Wut, Ärger, Eifersucht und Traurigkeit fühlte, war dieses Wissen irgendwo in der Versenkung verschwunden, so daß ich es unmöglich nutzen konnte.

Ich wollte die Ursachen für all die Probleme, die wir mit der Liebe und unseren Beziehungen haben, verstehen und im nächsten Schritt Lösungen dafür finden. Daher beschäftigte ich mich intensiv mit der Frage, was das Geheimnis der Liebe ist, beziehungsweise, ob es ein Rezept für das Gelingen einer Partnerschaft gibt.

Wir sagen, wir lieben die Natur, unsere Kinder, Freunde, den Beruf oder unser Haustier – haben wir bei diesen »Liebesobjekten« die gleiche Erwartungshaltung wie bei unserem Partner? Oder ist die Liebe zu unserem Partner etwas ganz anderes? Hängt persönliches Glück, Wohlbefinden und diese Liebe überhaupt von einem anderen Menschen ab? Oder kann jeder das Gefühl der Liebe auch selbständig und eigenverantwortlich in sich entwickeln? Diese und viele andere Fragen brachten mich zu einem Entschluß, der mein Leben bestimmen sollte: Ich wollte meine Liebe und mein Wohlbefinden nicht mehr von einem anderen Menschen abhängig machen und damit einen Weg finden, in einer Partnerschaft auf Dauer glücklich zu sein.

Jeder, der eine Partnerschaft führen möchte, braucht dazu – wie für alle Tätigkeiten des alltäglichen Lebens – das erforderliche Handwerkszeug.

Aus der Vielzahl meiner Erfahrungen habe ich im Laufe der Jahre die Simply-Love-Strategie® entwickelt und kann Ihnen aufgrund der

Arbeit mit vielen anderen Menschen folgendes garantieren: Falls Sie wirklich bereit sind, die Simply-Love-Strategie® anzuwenden – was nicht heißt, daß Sie sich verbiegen und verändern müssen – wird Sie diese Strategie zur Liebe Ihres Lebens führen und Ihnen eine glückliche, zufriedene und dauerhafte Partnerschaft bescheren. Ihre Entscheidung für die Simply-Love-Strategie® ist Ihre Entscheidung für ein erfülltes Leben. Davon profitieren nicht nur Sie selbst, Ihr Partner und Ihre Kinder, sondern letztlich wir alle. Denn wenn es Ihnen gutgeht, Sie gutgelaunt und glücklich sind, dann sind Sie eine Bereicherung für Ihr gesamtes Umfeld.

Mit diesem Buch möchte ich Sie dabei unterstützen, sich in Kürze in einer glücklichen Partnerschaft wiederzufinden. Dabei werde ich Ihnen zeigen,

- daß Sie bereits jetzt, in diesem Moment, den **»richtigen«** Partner haben
- daß Ihren Partnerschaftsproblemen einfache Ursachen zugrunde liegen
- welchen tieferen Sinn Ihre Partnerschaft für Sie und für jeden von uns hat
- wie Sie herausfinden, welchen Irrtümern Sie unterliegen und wie Sie sich davon befreien
- weshalb es zu Konflikten und endlosen Diskussionen kommt und wie Sie diese auflösen und in Zukunft vermeiden können
- wie Sie eine Krise als Chance nutzen können
- daß Kommunikation zwischen Männern und Frauen **einfach** möglich ist
- wie Sie Verantwortung für Ihr eigenes Wohlbefinden und Glück übernehmen können
- wie Sie aus Ihrer **Beziehung** eine glückliche und dauerhafte **Partnerschaft** machen
- wie Sie unbeschwert Liebe geben und annehmen können
- wie Sie Ihre Liebe und Sexualität lebendig halten können

Entscheiden Sie nun selbst, ob Sie Ihre Liebe und den Erfolg Ihrer Partnerschaft dem Zufall überlassen wollen, oder ob Sie bereit sind, die Verantwortung dafür zu übernehmen und etwas Zeit zu investieren. Es liegt allein bei Ihnen. Aber bedenken Sie bitte folgendes:

Liebe ist das einzige Gut der Welt, das mehr wird, wenn wir es verschenken!

Der Beziehungsführerschein

Wieviel Zeit haben Sie bisher in eine Lehre, ein Studium, eine Fort- und Weiterbildung oder auch nur in Ihren Führerschein investiert? Für einen Führerschein braucht jeder Mensch eine Mindestanzahl von Theorie- und Praxisstunden. Jetzt mal Hand aufs Herz: Wieviele Stunden haben Sie bisher bewußt an Ihrem Beziehungs-Know-how gearbeitet, um sich sicher im Beziehungsverkehr bewegen zu können? Keine oder nur wenige? Ebenso wie beim Autofahren benötigen wir auch einen Beziehungsführerschein, der uns die Regeln innerhalb von Liebesbeziehungen lehrt und die Konsequenzen von Regelverstößen vor Augen führt. Der Großteil aller Paare (und die meisten Singles denken nicht anders) glaubt allerdings, wir seien mit einem Beziehungsgen auf die Welt gekommen, hätten also eine genetische Veranlagung, die uns beziehungsfähig macht. Dementsprechend ist es ihrer Meinung nach völlig ausreichend, sich zu verlieben, damit die Beziehung funktioniert. Aber das ist so, als würde man sich ein Auto zulegen und losfahren, ohne das Fahrzeug, geschweige denn die Straßenverkehrsordnung zu kennen.

Wissen Sie, was auf der ersten Seite eines Fahrschulbuches steht?

Erst lernen – dann fahren!

Wir müssen lernen, vorausschauend zu handeln. Die Teilnahme am »Beziehungsverkehr« erfordert ständige Vorsicht und gegenseitige Rücksicht. Jeder sollte sich so verhalten, daß kein anderer geschädigt, gefährdet oder behindert wird. Wenn es dann doch mal zu einem »Crash« kommt, sollten wir wissen, wie wir uns zu verhalten haben: Absichern und Erste Hilfe leisten ist nun angesagt. Dennoch passiert es hin und wieder, daß türenknallend geflüchtet wird. Wem fällt nicht der Tunnelblick des Gegenübers auf, wenn sich die Diskussion wieder einmal festgefahren hat und man in einer Sackgasse gelandet ist? Haben Sie eigentlich Verkehrsregeln für solche Fälle oder spielen Sie Machtspiele? Was geschieht, wenn Sie mit Problemen überladen sind und der Druck einfach zu hoch ist? Was machen Sie, wenn die Batterie leer ist, beziehungsweise wie können Sie dafür sorgen, daß sich Ihre »Liebesbatterie« nicht entlädt? Haben Sie und Ihr Partner ein gemeinsames Ziel, das sie erreichen möchten, oder steuern Sie blind ins Ungewisse? Wann ist es Zeit, sich um den Frostschutz zu kümmern, und welches Enteisungsmittel ist für Sie und Ihren Partner am effektivsten? Manchmal sind die Witterungsverhältnisse einfach schlecht, wie verhalten Sie sich dann am besten?

Sicherlich haben Sie schon mal etwas von Disco-Unfällen gehört. Ich meine aber nicht den übermäßigen Genuß von Caipirinha, das Abschleppen beziehungsweise Abgeschleppt-werden und das verwunderte Erwachen am nächsten Morgen – das überlebt man. Ich meine den »Crash«, der sich ereignet, wenn man im Rausch der Geschwindigkeit (des Verliebtseins) alle Regeln, Verbote und Gefahren vergißt. Verwundert fragt man sich dann, warum es geknallt hat, und sucht sofort einen Schuldigen. Auf diese Weise verdrängt man am besten, daß man einfach zu schnell war und es an genügend Praxiserfahrung mangelte.

Egal, an welcher Art von Verkehr wir teilnehmen – Straßen-, Kommunikations-, Geschlechts- oder Beziehungsverkehr –, immer gilt es, bestimmte Regeln zu beachten.

Sie werden mir recht geben, daß theoretisches und praktisches Wissen für eine erfolgreiche Partnerschaft unerläßlich sind. Was halten Sie daher von der Devise:

Lieben und lernen!

Mit Hilfe der Simply-Love-Strategie® können Sie sich die »Verkehrsregeln« für Ihre Beziehung aneignen und lernen, diese im täglichen

Leben anzuwenden. Immer wieder bestätigen Seminarteilnehmer, daß die Simply-Love-Strategie® funktioniert, und auch mir persönlich hat sie zu einem erfüllenden Leben, zu meinem Mann und zu einer glücklichen Partnerschaft verholfen.

Eines möchte ich Ihnen gerne ans Herz legen: Arbeiten Sie intensiv mit diesem Buch! Sie können es natürlich auch einfach nur lesen, aber wesentlich effektiver ist es, wenn Sie die Übungen tatsächlich ausführen, und zwar schriftlich.

Teil I
Voraussetzungen für den Beziehungsverkehr

Beziehungsweise

Ist es denn nicht möglich,
sich täglich nahe zu sein,
ohne alltäglich zu werden –
voneinander entfernt zu sein,
ohne sich zu verlieren ...?

Beziehungsweise
sich maßlos zu lieben,
ohne sich lieblos zu maßregeln –
einander gewähren zu lassen,
ohne die Gewähr zu verlieren ...?

Beziehungsweise
einander sicher zu sein,
ohne sich abhängig zu machen –
einander Freiheit zu gewähren,
ohne sich unsicher zu werden ...?

Beziehungsweise ...

Jochen Mariss

Ich weiß nicht, welches Ihre Beweggründe sind, dieses Buch zu lesen. Vielleicht sind Sie in Ihrer Beziehung nicht glücklich, überlegen, ob Sie sich trennen sollten, befinden sich möglicherweise gerade vor/in einem Beziehungskonkurs, oder aber Sie haben Angst, daß Ihre Beziehung irgendwann zerbrechen könnte und wollen dem nun vorbeugen. Vielleicht haben Sie schon so manche Trennung oder gar eine Scheidung hinter sich und wollen für das nächste Mal besser gewappnet sein. Oder gehören Sie zu den Menschen, die beschlossen haben, bestehenden Problemen innerhalb ihrer Beziehung endlich auf den Grund zu gehen und für immer Abhilfe zu schaffen? Wenn es so ist, herzlichen Glückwunsch, daß Sie ab jetzt Ihre Liebesbeziehung und Ihr Glück nicht mehr dem Zufall überlassen wollen, sondern selbst die Verantwortung übernehmen und aktiv werden.

Hier nun einige Beweggründe, die Menschen zu mir in die Praxis oder in meine Seminare führen. Glauben Sie mir, Millionen von Menschen ergeht es so wie Ihnen.

- Eigentlich lieben wir uns, aber wir streiten so oft und meistens wegen Kleinigkeiten.
- Ich weiß nicht, ob ich mich für den/die Richtige/n entschieden habe.
- Eigentlich wollen wir uns schon lange trennen, doch wir schaffen es einfach nicht.
- Die Luft ist irgendwie raus – es ist langweilig geworden.
- Wir haben immer wieder die gleichen Streitgründe und wollen sie lösen. Wir wissen aber nicht wie.
- Ich glaube, ich hätte mit einem anderen Mann/einer anderen Frau nicht so viele Probleme und will nun herausfinden, ob es nicht besser ist, wenn ich mich trenne.
- Mein Partner/meine Partnerin sieht einfach nicht ein, daß er/sie immer wieder die gleichen Fehler macht und schuld an unseren Problemen ist.

> Meine Beziehung droht zu zerbrechen. Ich will alles tun, damit wir zusammenbleiben.
> Ich bin schon länger unzufrieden und unglücklich, aber für meinen Partner ist scheinbar alles in Ordnung.
> Unsere Liebe ist auf der Strecke geblieben, wir haben uns halt irgendwie arrangiert.
> Wir sind nur noch wegen der Kinder zusammen.
> Eigentlich bin ich schon lange unglücklich und möchte mich scheiden lassen, aber ich habe Angst vor dem Alleinsein.
> Wir sind schon glücklich miteinander, nur der Sex ist irgendwie nicht mehr so, wie er einmal war.
> Wir schlafen schon seit ... Jahren nicht mehr miteinander.
> Mein Mann/meine Frau hat schon seit vielen Jahren eine Affäre. Ich habe mich damit abgefunden.
> Wir wollen demnächst heiraten und uns auf die Ehe vorbereiten.

Im Laufe der Jahre habe ich viele Antworten auf die Frage bekommen, wieso es in Beziehungen zu Problemen, Streits, Langeweile, Trennungen und so weiter kommt. Hier nun eine Auswahl davon:

> Männer und Frauen passen einfach nicht zusammen. Sie sind zu unterschiedlich, um auf Dauer zusammen glücklich zu sein.
> Wir leben in einer Wohlstands- und Wegwerfgesellschaft. Das führt zwangsläufig dazu, daß wir auch die Partner so häufig wechseln wie die Unterwäsche.
> Das Single-Dasein wird heutzutage immer attraktiver.
> Die Zeiten sind vorbei, in denen Ehen oder Beziehungen über lange Jahre hielten – heute haben wir Lebensabschnittsgefährten.
> Wir müßten nur mehr miteinander reden – aber mit meinem Partner kann man nicht reden, wir streiten gleich.
> Wir haben zu hohe Ansprüche an unseren Partner.
> Es liegt an der Emanzipation der Frauen.
> Treue ist nicht mehr gefragt, immer mehr Leute gehen fremd.

- Die Menschen in unserer Gesellschaft werden immer bindungsunfähiger.
- Es ist doch völlig normal, daß man Probleme hat. Eine Ehe, eine Beziehung ohne Streit und Probleme kann es nicht geben. Das muß man akzeptieren oder sich trennen.
- Ich bin einfach an den falschen Partner geraten.
- Es ist einfach nicht zu vermeiden, daß der Sex im Laufe der Jahre nachläßt und man sich dann woanders vergnügt.
- Wenn wir uns genug lieben würden, dann hätten wir diese Probleme nicht.
- Wir haben so viele andere Belastungen – die Kinder, den Job, die Eltern wohnen mit im Haus. Da bleibt keine Zeit für uns.
- Eigentlich lieben wir uns, aber wir haben immer wieder die gleichen Probleme und können sie nicht lösen: Da ist es wohl besser, sich zu trennen.
- Für meine Frau/meinen Mann bin ich nur der Ernährer/die Mama der Familie – als Mensch und Partner werde ich nicht mehr wahrgenommen.
- Mein Partner/meine Partnerin hat nicht mit meiner Entwicklung mitgehalten. Ich schäme mich in der Öffentlichkeit für ihn/sie.
- Mein Partner/meine Partnerin fühlt sich mir unterlegen. Statt das gemeinsam aufzuarbeiten, macht er/sie mich für das eigene Versagen verantwortlich.
- Mein Partner profiliert sich bei unseren Freunden auf meine Kosten und macht mich ständig lächerlich.
- Ich bin finanziell von meinem Partner abhängig. Alleine würde ich nicht über die Runden kommen.
- Ich will meinen Kindern nicht den Vater nehmen, obwohl ich meinen Partner inzwischen hasse.

Und warum haben Sie Ihrer Meinung nach Probleme in Ihrer Beziehung?

Bitte beantworten Sie diese Frage auch dann, wenn Sie im Moment in keiner Beziehung leben. Überlegen Sie in diesem Fall, warum es so viele Probleme in Beziehungen gibt. Es gibt kein »Richtig« oder »Falsch«, schreiben Sie einfach auf, was Sie glauben!

Was Sie nun als erstes wissen müssen, ist, daß die oben aufgeführten Gründe nicht für das Scheitern unserer Beziehungen verantwortlich sind. **Die üblichen Erklärungen, die wir allzu gern anführen, sind lediglich Symptome, nicht aber die Ursachen!**

Stellen Sie sich zum Beispiel vor, bei Ihrem Auto blinkt plötzlich die Ölkontrolleuchte. Natürlich haben Sie jetzt die Möglichkeit, die kleine Birne herauszudrehen, sie zuzukleben oder zu zerschlagen – damit hätten Sie zwar das Symptom bekämpft, aber irgendwann würde sich dann doch der Kolbenfresser bemerkbar machen. Das Lämpchen wird aber auch aufhören zu blinken, wenn Sie die Ursache beseitigen, beziehungsweise das fehlende Motoröl nachfüllen, damit der Mangel keinen weiteren Schaden anrichten kann. Am besten ist es jedoch – da werden Sie mir recht geben –, die kleine Lampe leuchtet gar nicht erst auf, weil Sie sich schon vorab um alles Nötige gekümmert haben.

Zu den wahren Ursachen für Beziehungsprobleme und das Scheitern von Partnerschaften gehört, daß Sie

> nicht wissen, wie die Partnerwahl tatsächlich funktioniert und warum Sie sich gerade Ihren Partner/Ihre Partnerin ausgesucht haben
> glauben, sich nur in die/den »Richtige/n« verlieben zu müssen, um eine glückliche Beziehung zu führen
> meinen, Ihr Partner müsse sie nur genug lieben, da er sich Ihrer Meinung nach dann ändern würde und es keine Probleme mehr gäbe
> nicht wissen, daß Sie eine Art Liebesdrehbuch in sich tragen und nach diesem Drehbuch Ihr (Liebes-)Leben führen und gestalten
> den tieferen Sinn von Partnerschaften nicht kennen
> Irrtümern unterliegen, was das Leben zu zweit anbelangt
> einen Rucksack von Altlasten mit in die Beziehung einbringen
> nicht wissen, wie und warum es zum Streit kommt und wie Sie in diesem Fall reagieren können
> nach Schuldigen und nicht nach Lösungen suchen
> nicht über das Know-how verfügen, um eine erfolgreiche Partnerschaft zu führen

Ich möchte Sie an dieser Stelle keineswegs demotivieren, doch wenn Sie über das richtige Wissen und die damit verbundenen Fähigkeiten verfügen würden, dann hätten Sie bereits eine glückliche Partnerschaft und bräuchten dieses Buch nicht. Denken Sie daran:

Das Leben ist zu kurz, um mit negativen Gefühlen durch die Welt zu laufen. Machen Sie Schluß mit Unglück, Hoffnungslosigkeit und Verzweiflung.

Ich werde Ihnen nun Schritt für Schritt zeigen, wie Sie mit der Simply-Love-Strategie® die Ursachen Ihrer Beziehungsprobleme erkennen können, um diese dann ein für alle Mal aufzulösen.

Sie haben »richtig« gewählt

Gerade wenn es innerhalb der Beziehung häufiger zu Streitigkeiten, Unstimmigkeiten oder Verletzungen gekommen ist, werden Sie sich wahrscheinlich schon einmal die Frage gestellt haben »Ist mein Partner wirklich der Richtige? Ist es nicht an der Zeit, nach einem Menschen Ausschau zu halten, der einfach besser zu mir paßt, der mich mehr liebt und mit dem ich glücklicher bin?« Das ist verständlich! Aber es gab doch auch Zeiten, in denen Sie ganz andere Gefühle füreinander hatten. Ja, genau, damals, als Sie sich ineinander verliebt hatten und der Himmel voller Geigen hing.

Warum haben Sie sich eigentlich in Ihren Partner verliebt?

Falls es bei Ihnen schon sehr lange zurückliegt, daß es das erste Mal funkte, finden Sie hier ein paar Anregungen meiner Seminarteilnehmer:

- Sie / er war einfach genau mein Typ.
- Wir haben die gleichen Ziele im Leben.
- Wir haben uns einfach ineinander verliebt. Es war Zufall.
- Sie / er war mir gleich sympathisch.
- Er / sie ist mir sofort vertraut vorgekommen.
- Wir kannten uns schon lange und irgendwann haben wir uns dann ineinander verliebt.
- Er / sie ist sehr hilfsbereit und zuverlässig.
- Ich kann ihm / ihr vertrauen.
- Sie / er hat genau die Charaktereigenschaften, die ich mir immer bei meinem Partner gewünscht habe.
- Wir haben uns über das Internet kennengelernt. Obwohl wir uns nur E-Mails geschrieben haben, waren wir uns sofort vertraut und haben uns schon beim Mailen ineinander verliebt.
- Es soll an den Pheromonen liegen.

Wie war es denn bei Ihnen, warum haben Sie sich in Ihren Partner verliebt?

Egal, wie hoch Ihr Frust-, Wut-, Traurigkeits- oder Enttäuschungspegel auch gerade sein mag, Ihr Partner ist der Richtige, denn:

Sie haben sich in Ihren Partner aufgrund Ihres (Ihnen bis jetzt noch unbewußten) Liebesdrehbuches verliebt.

Vergessen Sie also all die anderen Erklärungsversuche!!!

Nehmen Sie es mir bitte nicht übel, daß ich Ihnen zuerst vor Augen geführt habe, was Sie alles noch nicht wußten, und nun auch noch die letzte vorhandene Romantik zerstöre. Das war Absicht – aber ich verspreche Ihnen: Der Weg, den wir jetzt gemeinsam einschlagen, wird Sie zur Liebe und Partnerschaft Ihres Lebens führen. Deshalb werde ich Ihnen als erstes verraten, was es mit Ihrem unbewußten Liebesdrehbuch auf sich hat.

Das Liebesdrehbuch

»Wieso kommst du jetzt erst nach Hause? Du wolltest doch noch den Rasen mähen, aber jetzt ist es wieder mal zu spät!«

»Aber ich habe den Wagen gewaschen, der hatte es echt nötig! Ich weiß gar nicht, was du hast, jeden Tag dein Genörgel, ich kann es nicht mehr hören. Egal, was ich mache, du findest immer wieder etwas, was dir nicht paßt. Dir kann man überhaupt nichts recht machen!«

»Das stimmt doch überhaupt nicht. Du hörst mir einfach nicht zu. Du kümmerst dich nur um dich und deine Bedürfnisse. Du bist halt ein Egoist. Aber du wirst schon noch sehen, was du davon hast. Wer kümmert sich denn jeden Tag um den Haushalt, wer kauft ein? Du übernimmst einfach keine Verantwortung. Deine Mutter hat einen richtigen Prinzen aus dir gemacht.« Er schweigt.

»Das ist wieder mal typisch – wenn ich recht habe, dann sagst du einfach nichts mehr.«

Er stellt den Fernseher an. Sie geht zu Bett, kann aber nicht schlafen. Irgendwann spürt sie, wie seine Hand sich nähert. Sie schiebt sie mit dem letzten Satz des Tages beiseite: »Laß das, ich habe Kopfschmerzen!«

Sie denkt: »Vielleicht passen wir einfach nicht zusammen. Immer diese Diskussionen, diese Streits. Ich kann und will das nicht länger ertragen.«

Er denkt: »Da ist es doch besser, ich bleibe allein oder suche mir eine Frau, die besser zu mir paßt.«

Sie denkt: »Wenn er mich genug lieben würde, dann würde er mehr auf mich eingehen und mich verstehen.«

Beide denken: »Es fing alles so vielversprechend an ... Morgen ist ein neuer Tag, und so schlimm war es ja auch gar nicht!«

Diese oder ähnliche Szenen spielen sich täglich auf der ganzen Welt ab. Vergessen Sie Rosamunde Pilcher – reale Liebesfilme sehen anders aus. Anhand der »Drehbuch-Metapher« möchte ich Ihnen die komplexen psychologischen Vorgänge innerhalb einer Beziehung auf eine einfache Art und Weise verständlich machen.

Die Grundlage jeder Lovestory, die wir im Fernsehen oder im Kino sehen können, ist ein Drehbuch. Ganz gleich, ob es am Ende ein Happy-End gibt oder ob es sich um eine Tragödie handelt.

Im Drehbuch gibt es genaue Vorgaben zu Charakter, Aussehen, Zielen und Problemen der Personen. Es beschreibt, was sie denken, wie sie sich verhalten und wie der gesamte Handlungsablauf des Films zu sein hat.

Auch Sie besitzen ein solches Drehbuch, ein Liebesdrehbuch, das den Verlauf Ihrer Liebesgeschichten beschreibt. Mit diesem Skript laufen Sie täglich durch den Beziehungsverkehr und wissen nicht einmal etwas davon.

So könnte bespielsweise in Ihrem Drehbuch stehen, daß Männer keine Gefühle zeigen, nicht zuhören oder fremdgehen. Oder daß Frauen immer nörgeln, gleich weinen, wenn es nicht so läuft, wie sie es wollen, und nicht mit Geld umgehen können. Stellen Sie sich nun bitte vor, daß Sie der Regisseur eines Films sind und die Rollen in Ihrem Drehbuch besetzen müssen. Ganz unabhängig davon, ob Sie George Clooney, Hugh Grant, Heino Ferch oder ... (wie heißt Ihr Partner?) verpflichten, welche Rolle werden die Akteure wohl spielen müssen? Ja richtig, genau die Rolle des Mannes, der nicht zuhört, keine Gefühle zeigen kann und fremdgeht. Sie wollen lieber einen gefühlvollen, zuhörenden, treuen Mann in Ihrem Film? Es nützt Ihnen jetzt überhaupt nichts, Pierre Brice (oder Ihren Arbeitskollegen) unter Vertrag zu nehmen. Auch er wird sich an die Vorgabe Ihres Drehbuches halten müssen. Das trifft auf die weiblichen Schauspielerinnen natürlich genauso zu. Geben Sie Julia Roberts (oder der kessen Nachbarin ein Stockwerk tiefer) Ihr Drehbuch in die Hand, und sie wird über kurz oder lang zur nörgelnden und zickenden Hausfrau mutieren, die abends heulend vor dem Fernseher sitzt, genauso wie Sie es ihr laut Drehbuch vorgeben.

Die Darsteller werden erst dann andere Rollen spielen, wenn es andere Einträge im Drehbuch gibt!

Vielleicht fragen Sie sich jetzt, wie Sie überhaupt zu Ihrem Drehbuch gekommen sind. Die Frage ist mehr als einfach zu beantworten. Schon von dem Augenblick an, in dem Sie gezeugt worden sind, haben Sie damit begonnen, alle Erfahrungen und Informationen zum Thema Liebe und Beziehung zu verinnerlichen, sie sozusagen in Ihrem Drehbuch niederzuschreiben.

In Ihrem Liebesdrehbuch steht zum Beispiel

- auf welche Art Ihnen in der Kindheit Liebe zuteil wurde und wie Sie diese erlebt haben
- welche Mängel Sie erlebt haben und welche Verletzungen Ihnen zugefügt worden sind
- wie und wen Sie gelernt haben zu lieben

- von welchen Personen Sie geliebt worden sind
- ob Sie aufgrund von Leistungen geliebt wurden oder einfach bedingungslos dafür, daß es Sie gab
- welche Verluste Sie erlebt haben
- was Sie über sich selbst, Ihren Körper, Ihre Fähigkeiten denken
- welche Wertvorstellungen (zum Beispiel Treue, Zuverlässigkeit, Freiheit) Sie ausgebildet haben
- wie Sie moralisch / religiös geprägt worden sind
- was Sie von Liebe, Beziehungen, Heirat, Männern, Frauen, Familie und so weiter erwarten
- wie Sie Streit empfunden haben und was Sie über das Streiten gelernt und daraufhin beschlossen haben
- wie Sie mit Zärtlichkeiten umgehen
- was Sie über das Leben und Erleben von Sexualität denken
- welche Rollen Mann und Frau innerhalb einer Beziehung haben
- welche Fähigkeiten Sie haben (Kommunikationsverhalten, Streitkultur), eine Beziehung zu führen
- welche Beschlüsse Sie aus all dem Erlebten für sich gefaßt haben
- welche Irrtümer und Überzeugungen aus diesen Erfahrungen entstanden sind
- welche schönen Dinge Sie, bezogen auf die Liebe, erfahren haben
- und noch vieles mehr

Bis zum Alter von acht Jahren – manchmal ist in der Fachliteratur auch von elf Jahren die Rede (wobei sich dieses Alter nicht auf die Sexualität bezieht, denn hier gibt es auch später noch ein paar Einträge) – haben Sie Tag für Tag sowohl positive als auch negative Einträge für Ihr Drehbuch erhalten. Danach ist Ihr Liebesdrehbuch sozusagen fertiggestellt. Seitdem haben Sie Ihr Leben Seite für Seite nach den Vorgaben Ihres Drehbuches gespielt. Ich möchte Ihnen diesen Vorgang anhand der folgenden Zeichnungen erläutern:

- Ich kann mit Kindern nichts anfangen, dafür sind die Frauen zuständig.
- Meine Frau kann einfach nicht mit Geld umgehen.
- Ich habe keine Zeit, mit dir zu spielen.
- Du mußt es später mal beruflich zu etwas bringen.
- Ich hätte lieber einen Jungen gehabt.
- Meine Frau macht mich wahnsinnig mit ihrer ständigen Nörgelei.
- Der Haushalt ist Sache der Frauen.
- Wenn Erwachsene sich unterhalten, haben Kinder den Mund zu halten.
- Ich sage meinen Kindern nie, daß ich sie liebe.
- Du mußt dich anpassen und darfst nicht auffallen.

Vater

- Ich bin der ersehnte Sohn.
- Ich muß mich immer um meine Schwester kümmern.
- Meine Schwester wird viel mehr gelobt als ich. Ich kann sie nicht leiden.
- Ich muß immer nachgeben, obwohl ich recht habe.

Bruder

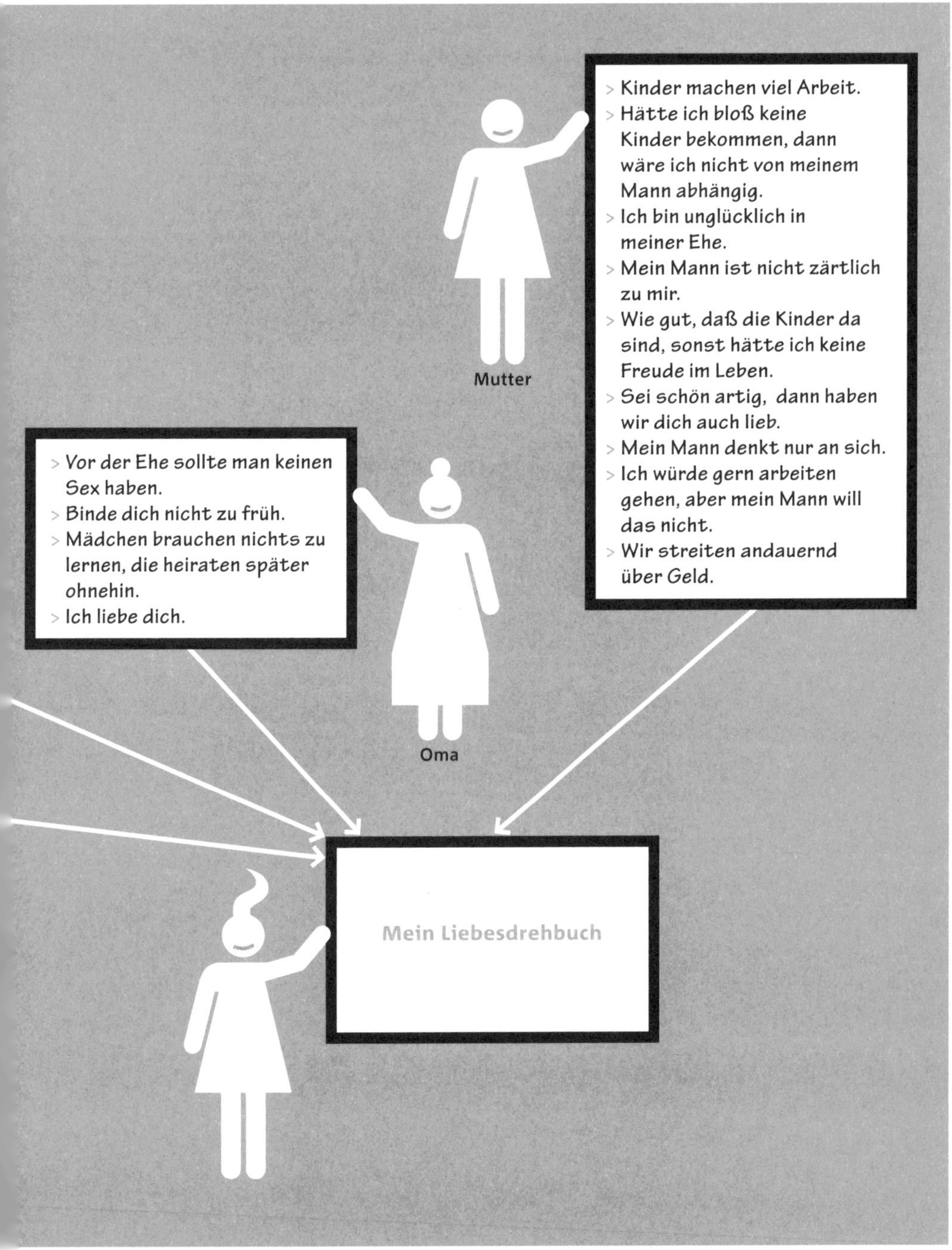
> Kinder machen viel Arbeit.
> Hätte ich bloß keine Kinder bekommen, dann wäre ich nicht von meinem Mann abhängig.
> Ich bin unglücklich in meiner Ehe.
> Mein Mann ist nicht zärtlich zu mir.
> Wie gut, daß die Kinder da sind, sonst hätte ich keine Freude im Leben.
> Sei schön artig, dann haben wir dich auch lieb.
> Mein Mann denkt nur an sich.
> Ich würde gern arbeiten gehen, aber mein Mann will das nicht.
> Wir streiten andauernd über Geld.
Mutter
> Vor der Ehe sollte man keinen Sex haben.
> Binde dich nicht zu früh.
> Mädchen brauchen nichts zu lernen, die heiraten später ohnehin.
> Ich liebe dich.
Oma
Mein Liebesdrehbuch

Mein Liebesdrehbuch

- Ich bin nicht gewollt.
- Ich bin schuld, daß Mama unglücklich ist. Wegen mir ist sie von Papa abhängig.
- Was ich will und brauche interessiert niemanden.
- Wenn man verheiratet ist, streitet man ständig.
- Keiner kümmert sich um mich.
- Niemand zeigt mir, daß er mich liebt.
- Ich muß lieb sein, dann mögen sie mich.
- Wenn ich mich anstrenge, dann werden sie mich doch irgendwann lieben.
- Mein Bruder ist immer der Bessere.
- Wenn ich jemanden liebe, werde ich sicher von ihm verlassen werden.
- Die Frau kümmert sich um den Haushalt, der Mann tut nichts.
- Es wird immer über Geld gestritten.
- Ich werde nur geliebt, wenn ich gute Leistungen erbringe.
- Meine Eltern unternehmen nie etwas alleine.
- Meine Familie zeigt sich nicht nackt.
- Über Sexualität darf man nicht reden.
- Ich muß mich um Mama kümmern, seitdem Papa ausgezogen ist.
- Ich will nie eine Familie und Kinder haben, denn dann geht das ganze Theater von vorne los.

All die Einträge Ihres Drehbuches bestimmen Ihr heutiges Liebesleben: Wie Sie sich in Ihrer Beziehung fühlen, zu welchen Streits und Problemen es kommt und natürlich, warum Sie sich genau Ihren Partner ausgesucht haben! Ahnen Sie schon etwas?

Ihre Hauptdarsteller

Über die Existenz Ihres Drehbuches wissen Sie nun Bescheid, jetzt fehlen nur noch die Darsteller und der Inhalt. Als erstes wollen wir uns Ihre Hauptdarsteller anschauen. Einen kennen Sie bereits. Es ist

Ihr Partner, der wie Sie eine Doppelrolle übernommen hat. Sie besitzen nämlich beide einen »Untermieter«, auch wenn Sie ihn bis jetzt noch nicht kennengelernt haben.

Während Ihr Drehbuch geschrieben wurde, mußten Sie Gefühle des Mangels und eine Reihe von Verletzungen erleben. Leider macht jedes Kind solche Erfahrungen.

Nun sind Sie zwar erwachsen, aber in Ihnen lebt der kleine Junge beziehungsweise das kleine Mädchen von damals (ich nenne es »Kellerkind«) mit all seinen Verletzungen weiter. Und mit seinem kindlichen Glauben über Frauen, Männer, Ehe, Familie, über die Art, wie man eine Beziehung führen sollte und auch mit den schönen Erfahrungen zum Thema Liebe.

Wie oft fühlten Sie sich im letzten Jahr in Ihrer Beziehung alleingelassen, unverstanden, übersehen, unter Druck gesetzt, weder anerkannt noch wertgeschätzt? Wie oft waren Sie verletzt, traurig, wütend, ängstlich, eifersüchtig? In all diesen Momenten fühlten Sie Ihr Kellerkind. Es stand live und in Farbe auf Ihrer Beziehungsleinwand und versuchte, auf sich aufmerksam zu machen. Natürlich haben Sie in diesen Momenten geglaubt, Sie selbst, Ihr Erwachsenen-Ich, empfinde dieses Gefühl, verursacht durch Ihren Partner.

Hallo, ich bin dein kleiner Untermieter, dein Kellerkind. Leider haben wir uns noch nicht wirklich kennengelernt. Ich sitze hier mit all meiner Traurigkeit, Verletzlichkeit, Angst, Wut, Eifersucht und meinem Haß … Ich kenne aber auch schöne Gefühle wie Liebe, Freude, Spaß, Lust und noch viele mehr. Es gibt einen Trick, wie du mich sehen kannst: Ich zeige deinem Partner mein Liebesdrehbuch, und dann spielen wir einfach eine Szene daraus. Vielleicht diese: »Andere sind immer wichtiger als ich, oder du liebst mich nicht wirklich.« Dein Partner und ich, wir machen das nicht mit böser Absicht. Ich möchte vielmehr, daß du mich mit all meinen schmerzenden Gefühlen endlich sehen kannst, um mir dann das zu geben, was ich immer noch brauche. Denn nur du kannst mich wirklich heilen und befreien.

Natürlich will niemand seine alten Verletzungen erneut erleben, aber genau das passiert unweigerlich, weil es nun mal so in Ihrem Liebesdrehbuch steht. Bevor Sie sich in Ihren Partner verliebt haben, hatte Ihr Kellerkind schon den passenden Darsteller für Ihr Drehbuch gebucht. Und auch sein Kellerkind besetzte sein Drehbuch mit dem passenden Akteur. Das Faszinierende nun ist, daß Ihr Partner nichts von Ihrem Drehbuch weiß und Sie wiederum nichts von seinem Skript. Trotzdem spielen Sie beide Ihre jeweilige Rolle perfekt. Immer wieder werden Schlüsselszenen aus beiden Drehbüchern nachgestellt, wie zum Beispiel folgende: »Immer muß ich mich um alles kümmern. Du siehst nie, was ich alles tue. Immer mußt du an mir rumnörgeln. Die anderen sind dir wichtiger als ich. Du hältst nie, was du mir versprochen hast« und so weiter und so fort.

Ihr Kellerkind wartet aber schon so lange und sehnsüchtig auf Sie, auf den Menschen, der es von seinem Schmerz und seinem Gefühl des Mangels befreien soll.

In der Vergangenheit ist es oft auf den Arm oder den Schoß Ihres Partners gekrabbelt, in der Hoffnung, daß er ihm all seine Wünsche und Bedürfnisse erfüllen würde. Zwar konnte sich Ihr Partner dann im Augenblick des Schmerzes um Ihr Kellerkind kümmern – und Sie sich um seines –, doch an den Einträgen in Ihren Drehbüchern änderte sich leider nichts. Das muß jeder für sich selbst erledigen. Ihr Partner ist Ihnen lediglich dabei behilflich, den alten Schmerz wieder an die Oberfläche zu bringen.

In dem Augenblick, in dem Sie sich streiten oder Sie das Gefühl haben, Ihr Partner habe Sie verletzt, empfinden Sie in Wirklichkeit keinen neuen Schmerz, der aktuell durch Ihren Partner verursacht wird, sondern einen alten Schmerz, eine alte Verletzung, die bereits in Ihrem Liebesdrehbuch festgeschrieben steht. Dieses Mal findet das Ganze lediglich mit einer anderen Kulisse und einem anderen Darsteller als damals statt.

Sie haben sich für Ihren Liebesfilm unbewußt, aber doch gezielt **exakt** den Partner (Darsteller) ausgesucht, mit dem Sie die alten negativen Situationen wiederherstellen können, und hoffen jetzt, daß sich alles zum Guten wendet und Sie Heilung erfahren. Sie sehnen sich nach einem Happy-End.

Das folgende Beispiel von Katrin und Florian zeigt deutlich, wie die beiden Drehbücher ineinandergreifen können.

»Dazu fällt mir ein bestimmter Streit zwischen uns beiden ein, der öfter aufflammt. Normalerweise bin ich immer schon zu Hause, wenn Florian von der Arbeit kommt. Doch an einem Abend hatte ich mich mit einer Freundin zum Schwimmen verabredet, und Florian wußte auch davon. Meine Freundin und ich haben uns unterhalten und völlig die Zeit vergessen. Gegen 22.30 Uhr machten wir uns auf den Heimweg. Ich sah auf mein Handy, das ich im Auto liegengelassen hatte, und traute meinen Augen nicht: 46 Anrufe in Abwesenheit. Als ich die Wohnung betrat, fand ich Florian in der Küche völlig aufgelöst. Bevor ich überhaupt ein Wort sagen konnte, schrie er mich an. Er fände mein Verhalten völlig respektlos. Es wäre ein Grund für ihn, die Beziehung zu beenden. Was ich mir überhaupt dabei denken würde und so weiter. Ich schrie sofort zurück, daß ich mich von ihm nicht kontrollieren ließe und ich ja wohl ein Recht darauf hätte, auch mal allein auszugehen. Florian war ganz weiß im Gesicht und behauptete, sich Sorgen gemacht zu haben. Er wäre sogar unterwegs gewesen, um mich zu suchen – aus Angst, ich könnte ertrunken sein. Daraufhin bekam ich einen Lachanfall und wurde sarkastisch. ›Im See vom Hai zerfetzt oder was?‹ Leider konnte Florian überhaupt nicht darüber lachen. Ich habe einfach nicht verstanden, was er wollte und warum er so einen Aufstand gemacht hat. Ich habe eher das Gefühl, daß er mich kontrollieren will, und das kann ich überhaupt nicht leiden.«

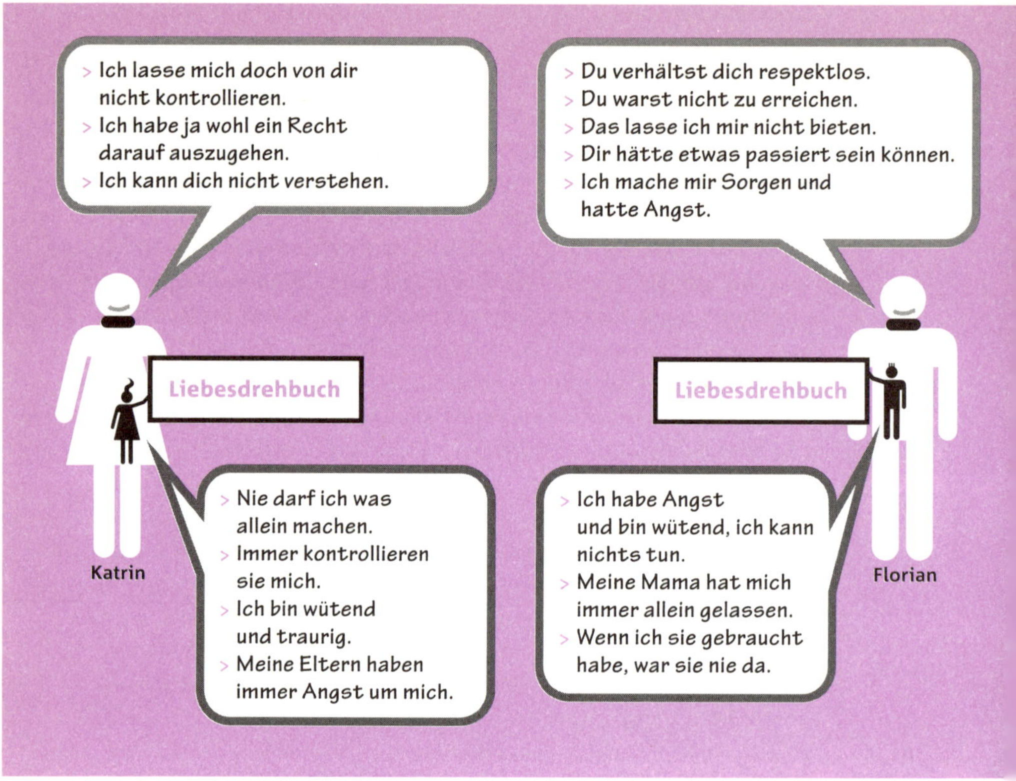

»Wenn Sie sich nun die Zeichnung anschauen, erinnert Sie das an etwas aus Ihrer Kindheit?«

Katrin: *»Meine Eltern wollten nie, daß ich alleine oder mit Freundinnen ausgehe. Sie hatten immer Angst um mich. Alle Kinder waren draußen zum Spielen, nur ich sollte drinnen sitzen. Ich habe es gehaßt und dachte immer, daß sie mir meinen Spaß nicht gönnten. War ich mal nicht pünktlich zu Hause, hat meine Mutter gleich bei all meinen Freundinnen angerufen, die sich dann am nächsten Tag über mich lustig gemacht haben.«*

Florian: *»Bei mir war es genau umgekehrt. Mein Vater hat einige Jahre im Ausland gearbeitet, und meine Mutter war nie da, wenn ich sie gebraucht hätte. Sie ist abends immer ausgegangen und hat mich* *schon mit fünf oder sechs Jahren alleine gelassen. Sie sagte, ich könne sie ja anrufen, wenn etwas wäre. Ich habe oft schreckliche Angst gehabt, vor allem dann, wenn ich schlecht geträumt hatte oder es gewitterte. Eigentlich schäme ich mich jetzt ein wenig, denn als Erwachsener Angst zu haben, daß die Mutter nicht zurückkommt, ist doch lächerlich, oder?«*

»Nein, Florian, ganz und gar nicht, denn in dem Augenblick waren Sie ja nicht erwachsen. Ihr Kellerkind, der kleine Florian, stand damals auf der Bühne und da war er wohl sechs Jahre alt. Deswegen konnten Sie auch all die Argumente, die Katrin vorbrachte, nicht wahrnehmen. Darüber hinaus hatte Katrin ja zur gleichen Zeit Kellerkinderalarm und erlebte in Ihnen nicht ihren Partner, sondern ihre Eltern. Die kleine Katrin war also in diesem Moment auch nicht viel älter als sie.«

Beide fangen an zu lachen.

»Irgendwie ist es klasse, wir können zum ersten Mal darüber lachen, aber traurig ist es doch, wenn ich mir überlege, daß da ein kleiner Junge in mir ist, der eine solche Angst hat. Den müßte man doch eigentlich beruhigen können – oder nicht?«

Damit hat Florian recht. Was genau zu tun ist, wenn Sie Kellerkinderalarm haben, werden wir in einem späteren Kapitel besprechen (siehe Seite 62 ff.).

Alles macht Sinn

Wie wir im letzten Kapitel gesehen haben, agieren Sie niemals getrennt von Ihrem Drehbuch.

Alles, was Sie im Hier und Jetzt Ihrer Beziehung erleben, und vor allem auch, wie Sie Ihre Beziehung gestalten, ist das Ergebnis Ihres inneren Liebesdrehbuches.

All Ihre Beziehungen, Freundschaften und Partnerschaften dienen deshalb weniger dazu, nicht allein durch die Welt zu gehen, zu zweit Ihr Glück zu suchen, eine Familie zu gründen und im Alter jemanden an Ihrer Seite zu haben. Ihr tieferer Sinn besteht vielmehr darin, Ihnen Darsteller für Ihren Lebens- und Liebesfilm zu vermitteln, mit deren Hilfe Sie sich Ihres Defizits oder der Verletzungen von damals bewußt werden können. Diese Darsteller geben Ihnen somit die Möglichkeit, sich Ihrem Kellerkind zu widmen. Das sollten Sie auch aufmerksam tun und nicht, wie Sie es bisher unbewußt gemacht haben, Ihr Kellerkind dem Partner auf den Schoß schubsen – in der Hoffnung, daß er sich um Ihr Leid kümmert.

Natürlich haben Sie bisher jeden Streit, jeden Konflikt als etwas Schreckliches angesehen. Sie haben geglaubt, Sie wären aufgrund der Verhaltensweisen und Fehltritte Ihres Partners unglücklich und unzufrieden. Das ist ein Irrtum! In Wirklichkeit ist es der verzweifelte Versuch Ihres Kellerkindes, Ihre Aufmerksamkeit auf sich zu lenken, damit Sie es endlich mit all seinem Schmerz, seiner Angst, Traurigkeit, Wut, Eifersucht und seinem Alleinsein wahrnehmen und annehmen und ihm schließlich das geben, was es damals nicht bekommen hat, aber immer noch so dringend braucht.

Ebenso falsch ist es, zu glauben, Ihr Partner müsse Sie nur genug lieben, um keine Probleme in der Beziehung mehr zu haben, oder daß Sie mit einem anderen Partner keine Probleme hätten.

Auch wenn Sie die Darsteller in Ihrem Film immer wieder austauschen, werden die neuen Akteure weiterhin die Rolle spielen, die ihnen Ihr Drehbuch vorschreibt. Dauerhaft und mit wirklichem Erfolg ändern Sie deshalb nur etwas, wenn **Sie** die Handlung in Ihrem Liebesdrehbuch umschreiben.

Ihre Partnerin oder Ihr Partner kann den alten Mangel, die alten Verletzungen nicht heilen. Ihr Liebesdrehbuch ist bereits geschrieben, und Sie sind dafür verantwortlich. Kein anderer Mensch kann Ihr Liebesdrehbuch für Sie ändern.

Im Kapitel »Kleine und große Baustellen« werde ich Ihnen zeigen, wie Sie Ihr Drehbuch umschreiben und Sie sich gegenseitig dabei helfen können (siehe Seite 75 ff.).

Der Sinn Ihrer Partnerschaft ist,

- auf Ihre unerfüllten Bedürfnisse und Verletzungen aus der Kindheit aufmerksam zu werden, damit Sie sich selbst darum kümmern
- zu erkennen, daß Sie nicht von der Liebe, Zuwendung und Anerkennung Ihres Partners abhängig sind, um sich gut zu fühlen
- Ihre abgespaltenen Persönlichkeitsanteile zu erkennen und wieder zu integrieren
- eine eigenständige Persönlichkeit zu werden
- sich selbst so zu lieben und anzunehmen, wie Sie sind
- Sie wirklich liebesfähig zu machen
- sich gegenseitig bei der Heilung von Mangelzuständen und Verletzungen zu unterstützen
- gemeinsames Wachstum zu erleben
- sich gegenseitig wirklich bedingungslos zu lieben

Lesen Sie hierzu das Beispiel von Bianka und Jens, die an meinem Seminar teilgenommen haben.

Jens: »*Eigentlich glaube ich, daß ich hier fehl am Platz bin. Ich bin der Meinung, wenn sich zwei Menschen wirklich lieben, dann klappt auch die Beziehung. Man kann sich ja ruhig mal streiten, aber danach sollte man bereit sein, Kompromisse einzugehen. Die muß es ja schließlich geben.*

Bianka hat über ihre Freundin von diesem Seminar erfahren. Seitdem hat sie mich gedrängt, mit ihr herzukommen. Jeden Tag muß ich mir anhören, daß es mit uns nicht mehr so richtig stimmt und wir irgend etwas tun müssen. Ich habe das Gefühl, daß es schon zu einer richtigen Manie geworden ist. Für mich war und ist unsere Beziehung, so wie sie ist, in bester Ordnung. Jede Woche bringt der Postbote irgendwelche Bücher zum Thema ›Beziehung‹. Ich bereue heute noch, daß ich Bianka gezeigt habe, wie sie per Internet Bücher bestellen kann. Von mir aus soll sie das ganze Zeug ruhig lesen, doch sobald sie mit einem Buch fertig ist, bekomme ich es auf meinen Nachttisch gelegt, immer mit einem kleinen Zettel drauf: ›Bärli, das solltest du unbe-

dingt mal lesen.‹ Dabei hasse ich Lesen wie die Pest. Kurz und gut, ich wäre an diesem Wochenende viel lieber mit meinem Freund zum Angeln gegangen, als hier in diesem Seminar zu sitzen.«

Bianka: *»Das ist es ja gerade, was mich rasend macht. Für dich ist immer alles in Ordnung. Unsere Beziehung ist o. k. – aus deiner Sicht. Ich aber habe das Gefühl, daß die Luft raus ist. Und ich möchte etwas verändern. Mir geht deine Ignoranz und dein Desinteresse schon die ganze Zeit auf die Nerven. Andere Männer sitzen doch auch hier, weil ihnen bewußt geworden ist, daß man an einer Beziehung arbeiten muß.«*

Jens fällt ihr ins Wort:

»Du tust ja gerade so, als würde ich nichts tun. Erst gestern habe ich in dein Auto eine neue Batterie eingebaut, die Winterreifen montiert und es von innen saubergemacht, sogar den Aschenbecher. Aber das siehst du ja nicht. Du würdest ja lieber bei Glatteis mit Sommerreifen fahren. Aber ich soll deine Psychobücher lesen. Seit deine Freundin Steffi die Psychologie für sich entdeckt hat, redet ihr beiden über nichts anderes mehr. Vorher hast du dich doch auch wohl in unserer Beziehung gefühlt. Ich verstehe dich einfach nicht mehr.«

Bianka: *»Da habt ihr es, er hört mir einfach nicht zu. Er sieht nur sich und das, was er sehen will. Was ich sage, nimmt er überhaupt nicht wahr. Ihm ist es egal, wie ich mich fühle. Er ist einfach ein Egoist. Ich habe das Gefühl, daß ich gegen eine Wand rede, daß er auf Durchzug stellt, wenn ich ihm Ratschläge geben möchte. Ich habe gedacht, daß uns dieses Seminar weiterhelfen könnte, doch jetzt haben wir den Salat und streiten schon wieder.«*

»Ich finde das überhaupt nicht schlimm, im Gegenteil, so erleben wir einen Konflikt live und in Farbe. Wenn Sie wollen, können wir ihn jetzt an Ort und Stelle auflösen. Welche Gefühle haben Sie beide gerade. Und eines fällt mir dazu noch ein: Ratschläge können auch Schläge sein.«

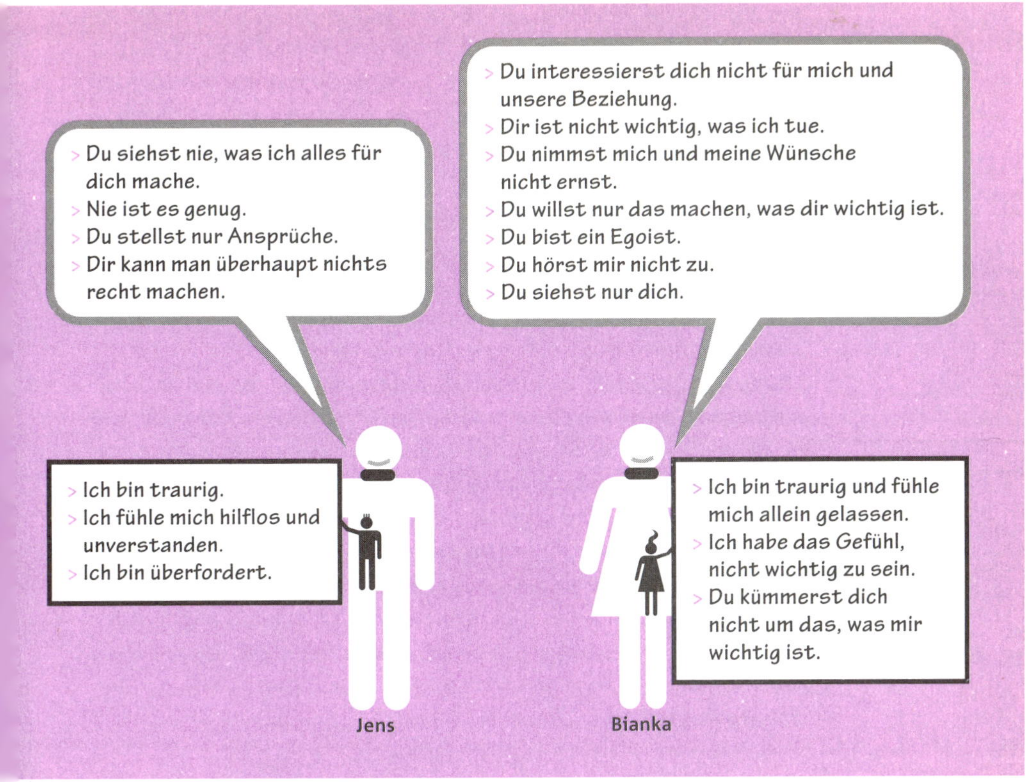

Als Bianka und Jens auf Ihre Liebesleinwand schauen, sind sie beide erst einmal sprachlos. Bianka beginnt zu weinen.

»Mein Vater hat sich bei uns Kindern nie um emotionale Dinge gekümmert. Ich habe es gern gemocht, wenn mir jemand Geschichten vorgelesen hat. Wie oft habe ich ihn gebeten, mit mir zum Reiten zu gehen, doch er hat immer nur abgelehnt. Jetzt fällt es mir wie Schuppen von den Augen. Er hat unsere Fahrräder geputzt und repariert und uns jeden Morgen Frühstück gemacht. Jens tut dies auch meistens.«

Jens nimmt Bianka in den Arm. Seine Betroffenheit ist deutlich zu spüren.

»Mein Vater hat immer nur von mir gefordert, bis zum heutigen Tag. Nie mache ich ihm etwas recht, und nie ist er mit mir zufrieden. Ich

bin eher der handwerkliche Typ, er aber wollte immer, daß ich studiere und seine Firma übernehme. Ich habe nie verstehen können, warum er nicht stolz auf mich war, sich nicht einfach nur mal über das gefreut hat, was ich gut kann und gerne mache. Ich denke, es war doch gut, daß Bianka mich überredet hat, hierher zu kommen. Aber lesen mag ich trotzdem nichts.«

»Ich kann dir ja erzählen, was ich gelesen habe.«

Margret und Hardy:

»Wir haben viele Bücher gelesen, uns viel mit Kommunikation in der Beziehung beschäftigt, und irgendwie wissen wir vom Kopf her auch, worauf es bei einer Partnerschaft ankommt. Uns ist bewußt, daß Männer und Frauen unterschiedliche Verhaltensweisen haben, was zu Streit und Unverständnis führen kann. Die Bestseller von Allan und Barbara Pease waren diesbezüglich sehr aufschlußreich. Auch John Gray und einige Bücher über das ›innere Kind‹ haben uns geistig sehr viel gebracht. Und der Abend im Kabarett ›Caveman‹ war die reinste Therapiedemonstration zum Thema Toleranz und Verstehen der Unterschiede von Mann und Frau. Trotzdem geschieht es immer wieder. Wir geraten in Situationen, in denen es dermaßen kracht, als hätten wir von alldem nichts gehört. Jetzt soll der Schlüssel zu unseren Problemen dieses Drehbuch sein?«

Um zu verdeutlichen, was bei Hardy und Margret passiert, dient folgende Zeichnung:

»Ihre Kellerkinder brauchen jemanden, der sich ihnen zuwendet, ihre Gefühle beachtet, ihnen Verständnis, Wertschätzung und vor allem Liebe gibt.«

Wenn Paare beginnen, sich ihre Drehbücher anzuschauen und Kontakt mit ihrem Kellerkind aufzunehmen, werden sie natürlich mit all den unangenehmen Gefühlen konfrontiert, die ihr eigenes Kellerkind und das ihres Partners noch mit sich herumtragen. **Aber für ihre Beziehung bringt ein bewußter Umgang mit den Kellerkin-**

dern auf alle Fälle mehr Verständnis. Die Partner erkennen, warum der andere gerade so reagiert, wie er reagiert. Dies führt zu mehr Nähe, Freude, Lust, Tiefe und Liebe. Manche Seminarteilnehmer befürchten, daß es zur Trennung von ihrem Partner kommen könnte, wenn sie ihr Drehbuch ansehen und Veränderungen darin vornehmen. Aber ich habe es noch nie erlebt, daß sich Partner, die beide bereit waren, sich mit ihrer Beziehung auseinanderzusetzen, getrennt haben. Das geschieht eher dann, wenn einer von beiden sich dagegen wehrt.

Von Frau zu Frau

Meine lieben Leserinnen, jede von uns weiß, daß Beziehungsliteratur meistens von Frauen gekauft wird. Deshalb habe ich an dieser Stelle eine Frage an Sie: Wissen Sie, was der Begriff »Nötigung« im Verkehr bedeutet? Also, wenn Ihr Mann dieses Buch – aus welchem Grund auch immer – nicht lesen möchte, dann zwingen Sie ihn nicht. Sonst könnte es gut sein, daß Sie in die Rolle seiner Mutter oder seiner Deutschlehrerin schlüpfen und er gerade deswegen die »Hausaufgabe« boykottiert. Lesen Sie das Buch einfach für sich und bearbeiten Sie schon einmal den Teil Ihres Drehbuches. Wenn Ihr Partner die positiven Veränderungen in Ihrem Denken und Verhalten spürt, wird er schon von selbst nachfragen. Dann können Sie ihm gern Ihr Geheimnis verraten – warum Sie zum Beispiel nicht mehr nörgeln, wenn er die Socken herumliegen läßt oder wieder mal etwas vergessen hat. Sollte Ihr Partner Beziehungsliteratur genauso lieben wie seine Sport- oder Autozeitschrift, freuen Sie sich! Solche Männer stehen unter Artenschutz. Eines aber können Sie mir glauben: Wenn er keine Lust zum Lesen hat, dann bedeutet es nicht, daß ihn Ihre Beziehung nicht interessiert oder er Sie nicht genügend liebt!

Männer sind keine Frauen (das ist auch gut so!) und gehen oft anders mit Problemen um. Vertrauen Sie ganz einfach darauf, daß auch er sich eine glückliche und dauerhafte Partnerschaft wünscht und seinen Teil, in seinem Tempo dazu beitragen wird.

Über die Mär vom Weihnachtsmann und vom Osterhasen sind Sie wahrscheinlich ohne großen bleibenden Schaden hinweggekommen. Auch beim Happy-End im Märchen handelt es sich um einen Irrtum, brechen doch die Erzählungen ausgerechnet immer dann ab, wenn der Prinz die Prinzessin gerettet hat. Kein Märchen zeigt uns, was passiert, wenn Aschenputtel den Prinzen mit ihrem ständigen Putzfimmel nervt, und keiner weiß, wie Schneewittchen und ihr Traumprinz reagieren, wenn sie zum achten Mal in diesem Monat nicht mit ihm schlafen will und er das ganze Geld für eine neue Kutsche ausgibt.

Hier ist nun eine Zusammenfassung aller Irrtümer, die wir bis jetzt aufgespürt haben:

> Wenn man sich nur in den **»richtigen«** Partner verliebt, dann ist man bis an sein Lebensende glücklich.
> Man kommt mit einem **Beziehungsgen** auf die Welt, und glückliche Partnerschaften »fallen vom Himmel«.
> Wenn mein Partner mich nur genug liebt, dann wird er sich schon ändern.
> Beim nächsten Partner wird alles besser.
> Ob man sich in den **»richtigen«** Partner verliebt, wird durch das Schicksal oder den Zufall bestimmt.
> Beziehungsprobleme sind nur auf die »falschen« Verhaltensweisen des Partners zurückzuführen.
> Die **»unguten«** Gefühle werden durch den Partner verursacht.
> Es gibt nur einen Ausweg, wenn wir nicht miteinander klarkommen – die Trennung!

Teil II

Das System des Beziehungsverkehrs

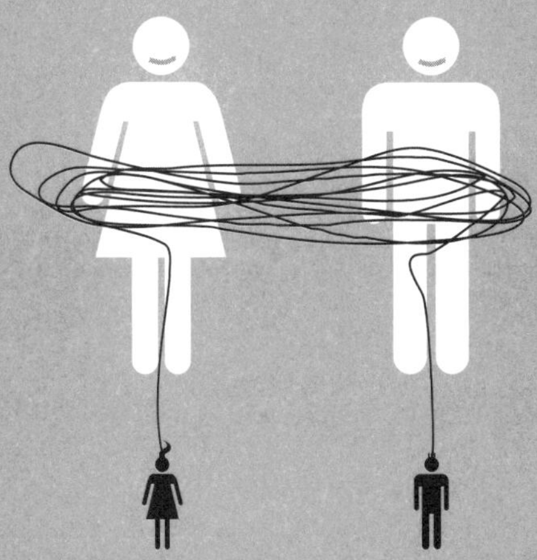

Die Beziehungsprobleme, die Menschen in meine Praxis und Seminare führen, scheinen auf den ersten Blick sehr vielschichtig zu sein. Der Bogen spannt sich von Kommunikationsschwierigkeiten, geringer Einsatzbereitschaft, mangelnder Loyalität, Einengung und Respektlosigkeit über unterschiedliche Lebensplanungen, fehlende Gemeinsamkeiten, Rollenkonflikte, Affären und Eifersuchtsdramen bis hin zu sexuellen Problemen, finanziellen Streitigkeiten sowie Ärger mit den Kindern, Alkoholmißbrauch und anderen äußeren Störfaktoren. Die ganze Palette also. Es ist natürlich unmöglich, alle diese »Baustellen«, die in Beziehungen eröffnet werden, hier zu beleuchten. Ich habe deshalb diejenigen Problemstellungen ausgewählt, die in meiner Arbeit immer wieder auftauchen.

Theoretisch sollten wir annehmen, daß sich zwei erwachsene Menschen in einer Beziehung verständigen und einigen können. Zwei Partner, die ein gemeinsames Ziel verfolgen, sollten doch in der Lage sein, sich gegenseitig bestehende Bedürfnisse und Wünsche zu erfüllen.

In Wirklichkeit sieht es allerdings so aus, daß Sie das Gefühl haben, Ihr Partner handele eigentlich gegen Sie: Er hört Ihnen nicht zu, versteht Sie nicht und geht nicht auf Ihre Bedürfnisse ein. Es ist, als würden Sie zwei unterschiedliche Sprachen sprechen oder sich in unterschiedlichen Filmen bewegen. Das hat folgenden Grund: **Sobald ein Kellerkind in der »Poleposition« ist, gibt es keine wirkliche Kommunikation zwischen Ihnen!**

Denken wir beispielsweise einmal an beliebte Streitpunkte wie die Zahnpastatube oder den Toilettendeckel. Vielleicht gehört Ihr Partner auch zu den Menschen, die ihre Sachen gern in der ganzen Wohnung verstreuen und keine Lust auf den wöchentlichen Wohnungsputz haben. Auch wenn Sie wissen, daß es in der Natur des Mannes liegt, seine Sachen zuhause überall herumliegen zu lassen – er muß schließlich seine Höhle markieren –, warum haben Sie dann in dem Augenblick, in dem Sie das Chaos erblicken, ein schlechtes Gefühl? Ganz einfach: Ihr Kellerkind ist gerade aktiv. Sie fühlen den alten

Schmerz Ihres Kellerkindes, der Ihnen sagt: »Immer muß ich alles alleine machen. Keiner hilft mir. Ich werde rücksichtslos behandelt.« Und auch das Kellerkind Ihres Partners spürt, wie eine alte Wunde aufbricht: »Nie mache ich etwas richtig. Immer wird an mir rumgenörgelt. Immer muß ich etwas tun, obwohl ich lieber spielen will.«

Das Beispiel zeigt, daß es zwei Ursachen für das Problem gibt: Zum einen Ihre Drehbücher mit den alten Verletzungen Ihrer beiden Kellerkinder und zum anderen das »erwachsene« Problem, das in der Klärung des Haushaltsmanagements liegt. Für beide Ursachen lassen sich dauerhafte Lösungen finden. Wie Sie das schaffen, erfahren Sie ab Seite 78. Zunächst wollen wir uns aber noch einige Beispiele von Seminarteilnehmern ansehen.

Vorhang auf für das Kellerkind!

Konflikte, Probleme, Zoff – dazu kommt es nicht aus purer Lust am Streiten. Schuld daran sind die Kellerkinder, die ihren alten Schmerz aus den Tiefen der Vergangenheit zu Tage fördern. Sie sind die Hauptdarsteller Ihrer Lovestory.

Hier das Beispiel von Stefan und Martina:

»Ich weiß nicht, woher es kommt. Aber wenn Stefan sich mal nicht bei mir meldet, mir längere Zeit nicht sagt, daß er mich liebt, mir keine Blumen mitbringt, nicht mit mir schlafen will, dann denke ich sofort, daß er mich nicht mehr liebt. Mir ist aufgefallen, daß ich immer diejenige bin, die anruft, die ihm sagt, daß sie ihn liebt. Nur wenn es um seine Interessen geht, verhält er sich anders. Soll ich zum Beispiel für ihn etwas regeln, dann ist er durchaus in der Lage, mich dreimal am Tag anzurufen, um zu fragen, ob ich auch an alles gedacht habe. Aber er kommt nicht auf die Idee, sich einfach so bei mir zu melden, bloß um mir zu sagen, daß er mich vermißt oder liebt. Wenn ich ihn darauf anspreche, fragt er nur immer, was ich eigentlich habe, und sagt, er tue doch soviel für mich. Im Job habe er nun mal ganz andere Dinge im Kopf und keine Zeit anzurufen. Das schlimmste für mich

ist diese Angst, die in mir hochsteigt. Mein Herzklopfen wird stärker und stärker, bis ich es nicht mehr ertragen kann und ihn anrufe. Ich kann mich dann nicht beherrschen und werde sehr schnell vorwurfsvoll. ›Wieso rufst du mich nicht an, immer muß ich dich anrufen.‹ Er reagiert darauf meistens sehr verwundert und sagt lediglich: ›Wieso, du kannst mich ja auch anrufen.‹ Ich fände es klasse, wenn er sich öfter melden, eine kurze SMS schreiben oder mir Blumen mitbringen würde als Zeichen, daß er mich wirklich liebt. Ich habe mir schon oft vorgenommen, ihn nicht mehr anzurufen oder ihm ein paar Wochen lang nicht zu sagen, daß ich ihn liebe. Aber dabei fühle ich mich schäbig, weil es ein Spiel ist. Ich will nicht, daß jemand mit mir Spielchen treibt, und deshalb mache ich das auch nicht mit meinem Partner.«

Stefan: *»Ich kann Martina nicht verstehen. Ich liebe sie wirklich. Ich komme mir immer wie auf dem Prüfstand vor. Was muß ich denn noch alles tun, um ihr meine Liebe zu zeigen? Manchmal ist es wirklich wie verhext. Ich denke an sie, würde gern ihre Stimme hören, will sie gerade anrufen, genau dann kommt meine Sekretärin und will etwas oder mein Telefon klingelt ... und schon habe ich es vergessen. Wenn es mir wieder einfällt, ist es meist schon spät und fast Feierabend. Dann denke ich mir, daß ich es ihr daheim direkt sage. Das ist mir ohnehin lieber. Just in diesem Augenblick klingelt dann mein Handy, und sie pflaumt mich an, wieso ich sie nicht angerufen habe. Ich tue das überhaupt nicht aus böser Absicht. Manchmal habe ich das Gefühl, als wären Geister im Spiel, denn in der Regel gelte ich schon als zuverlässig. Ich weiß selbst, wie gern ich es höre, wenn Martina mir sagt, daß sie mich liebt. Aber eine Lösung, wie wir das ändern können, fällt mir auch nicht ein.«*

»Wir bringen als erstes Ihre Kellerkinder auf die Leinwand. Ich hoffe, ich habe alle Vorwurfsätze behalten können. Folgende Fragen sollten Sie beide dann noch beantworten:

1. Welche Gefühle haben Ihre Kellerkinder?
2. Woher kennen Sie das Gefühl?
3. Was wünschen sich Ihre Kellerkinder?«

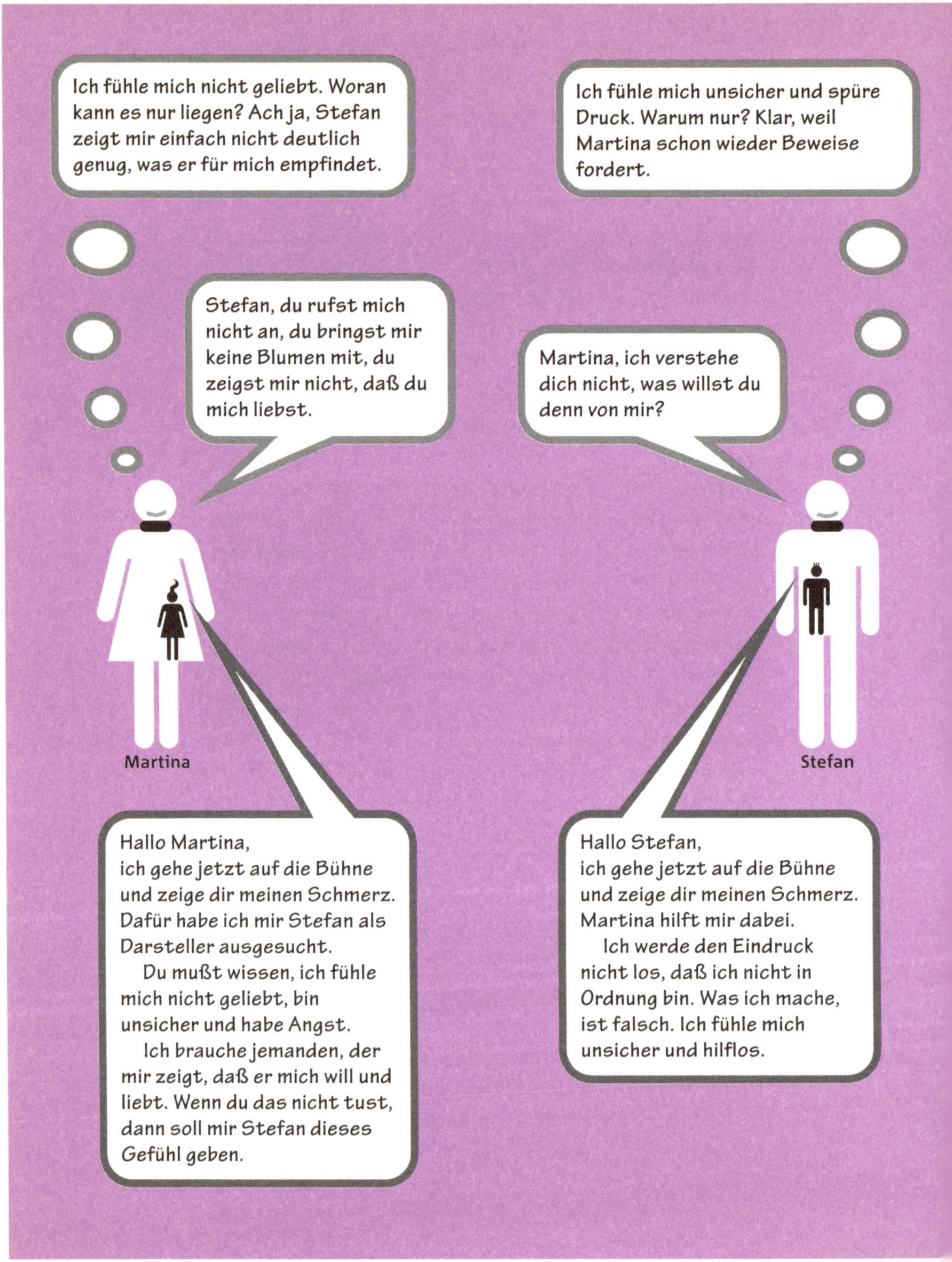
Ich fühle mich nicht geliebt. Woran kann es nur liegen? Ach ja, Stefan zeigt mir einfach nicht deutlich genug, was er für mich empfindet.
Stefan, du rufst mich nicht an, du bringst mir keine Blumen mit, du zeigst mir nicht, daß du mich liebst.
Martina
Hallo Martina, ich gehe jetzt auf die Bühne und zeige dir meinen Schmerz. Dafür habe ich mir Stefan als Darsteller ausgesucht. Du mußt wissen, ich fühle mich nicht geliebt, bin unsicher und habe Angst. Ich brauche jemanden, der mir zeigt, daß er mich will und liebt. Wenn du das nicht tust, dann soll mir Stefan dieses Gefühl geben.
Ich fühle mich unsicher und spüre Druck. Warum nur? Klar, weil Martina schon wieder Beweise fordert.
Martina, ich verstehe dich nicht, was willst du denn von mir?
Stefan
Hallo Stefan, ich gehe jetzt auf die Bühne und zeige dir meinen Schmerz. Martina hilft mir dabei. Ich werde den Eindruck nicht los, daß ich nicht in Ordnung bin. Was ich mache, ist falsch. Ich fühle mich unsicher und hilflos.

Martina: *»Ich denke, ich habe das Gefühl, geliebt zu werden, noch nie wirklich erlebt oder vermittelt bekommen. Bei uns daheim ging es eher nüchtern zu, und meine Eltern haben mir nie gesagt, daß sie mich lieben.«*

»Damit haben Sie den Mangel Ihres Kellerkindes bereits identifiziert. Dieses Defizit gilt es ›nachzubeeltern‹. (Das Thema der Nachbeelterung wird ausführlich ab Seite 166 besprochen.) Stefan ist nicht dafür zuständig, der kleinen Martina zu beweisen, daß er sie liebt. Selbst dann, wenn er alles tun würde, was sie sich wünscht, würde sich ihr Gefühl des Mangels nicht ohne weiteres verlieren. In Ihrem Liebesdrehbuch gibt es den Eintrag: Ich fühle mich nicht geliebt. Die Liebesbeweise, die Stefan Ihnen entgegenbringt, können Sie deshalb bisher nicht bewußt registrieren.«

Stefan: *»Mein Kellerkind fühlt sich hilflos und unsicher. Es sagt: ›Was ich mache, ist nie genug.‹ Wir haben nun gerade erfahren, daß dies an meinem Drehbuch liegt und aus meiner Kindheit stammt. Ich kann mich aber an kaum etwas aus meiner Kindheit erinnern.«*

»Da stehen Sie nicht allein da, vielen geht es so wie Ihnen. Eines aber können Sie mir glauben: Es gab Momente in Ihrer Kindheit, in denen Sie sich sehr hilflos gefühlt haben, sonst hätten Sie dieses Gefühl in Ihrer Beziehung nicht. Es ist müßig, Ihre ganze Vergangenheit aufrollen zu wollen. Was braucht denn der kleine Stefan?«

»Ich weiß es nicht so richtig.«

»Der kleine Stefan muß von Ihnen glaubhaft hören, daß er in Ordnung ist, so wie er ist, daß er sich nicht anstrengen muß und nichts falsch macht. Zeigen Sie ihm Verständnis für seine Hilflosigkeit und Angst. Wie fühlen Sie beide sich jetzt?«

Martina: *»Ich fühle mich gut. Mich freut es ungemein zu wissen, daß es nicht an mir lag oder daran, daß Stefan mich nicht liebt.«*

Stefan: *»Ich finde den Gedanken irgendwie witzig, so einen ›Untermieter‹ mit mir herumzutragen. Ich bin beeindruckt, wie einfach es war, ein Problem, unter dem wir schon seit Beginn unserer Beziehung litten, endlich aufzulösen.«*

»Es ist gut möglich, daß sich die Gefühle Ihrer Kellerkinder in der Zukunft nochmals melden. Je tiefer der Schmerz der Verletzung oder des Mangels ist, um so mehr Zuwendung und Fürsorge benötigt Ihr

Kellerkind. Gehen Sie dann einfach so vor, wie wir es gerade zusammen getan haben.«

Auch das Beispiel von Gabi und Andreas zeigt, auf welche Weise unsere Drehbücher uns beeinflussen.

»Ich bin im großen und ganzen recht zufrieden mit unserer Beziehung. Das einzige, was mich schon von Anfang an gestört hat, ist mein Gefühl, daß Andreas keine Nähe ertragen kann. Ich habe geglaubt, daß sich das mit der Zeit ändern würde, wenn wir länger zusammen wären. Anfangs habe ich es nicht als so belastend empfunden, doch im Laufe der letzten Jahre haben wir vermehrt deswegen Streit bekommen. Wenn ich ihm sage, daß ich ihn liebe, entgegnet er einfach nur: ›Schatz, das weiß ich doch, du mußt mir das nicht immer wieder sagen.‹ Wenn wir auf dem Sofa liegen und fernsehen, springt er plötzlich auf, um etwas am Computer nachzuschauen. Ich sage mir dann immer ›Nörgel jetzt nicht‹ oder ›Fang nicht wieder an zu streiten; du weißt doch, wie er ist‹. Aber mich verletzt sein Verhalten. Ich habe ihm das schon tausendmal gesagt. Ich glaube, er versteht nicht, worum es mir geht. Er meint nur, ich würde das zu eng sehen und es gäbe keinen Grund, mir Sorgen zu machen.«

»Gabi, woher kennen Sie das Gefühl, abgewiesen zu werden? Wer hat sich Ihnen gegenüber so verhalten?«

»Meine Mutter. Ich habe sehr unter ihrer Gefühlskälte gelitten.«

»Ich würde auch gerne wissen, wie Sie sich fühlen, Andreas.«

»Gabi hat schon recht. Es ist wirklich so, daß ich Nähe nicht gut aushalten kann. Wenn es mir zu eng wird, muß ich flüchten. Auf keinen Fall will ich Gabi mit meinem Verhalten verletzen. Aber es ist einfach so, daß sie gerade in dem Moment etwas von mir will, wo ich allein sein möchte oder das Gefühl habe, Abstand zu brauchen.«

»Und wie ist Ihr Gefühl beziehungsweise das Gefühl des kleinen Andreas?«

»Meine Mutter hat ständig an mir gehangen. Es war bei uns fast so, daß meine Mutter in mir eher den Ehemann als den Sohn sah. Sie hat Grenzen nie akzeptiert und mich permanent in Beschlag genommen. Jetzt verstehe ich auch mein Verhalten Gabi gegenüber. Ich habe das gleiche Gefühl, erdrückt zu werden. Um mich davor zu schützen, tue

ich dann instinktiv etwas, das sie verletzt; sie soll sich zurückgewiesen fühlen. Wenn ich es recht bedenke, spielen wir eigentlich mal in meinem und mal in ihrem Film oder auch gleichzeitig in beiden. Ist ja unglaublich.«

Sie haben gerade einige Kellerkinder von meinen Seminarteilnehmern kennengelernt, und ich hoffe, daß Sie schon richtig neugierig auf Ihr eigenes Kellerkind geworden sind, denn das wollen wir nun zum ersten Mal aufspüren.

Ich werde Ihnen jetzt eine Reihe von Fragen stellen, die Ihnen helfen werden, Ihr Kellerkind zu identifizieren. Während Sie diese Fragen beantworten, werden Sie bereits auf die ersten Mängel und Verletzungen stoßen, die in Ihrem Liebesdrehbuch stehen und in Ihrer Beziehung für Probleme sorgen:

- Waren Sie ein Wunschkind?
- War Ihr Geschlecht für beide Elternteile o. k.?
- Von wem haben Sie sich geliebt gefühlt?
- Wie hat Ihre Familie – Mutter, Vater, Geschwister, Großeltern – Ihnen gezeigt, daß Sie geliebt werden?
- Sind Sie einfach dafür geliebt worden, daß es Sie gab, oder eher dafür, was Sie geleistet haben?
- War die Liebe Ihrer Bezugspersonen an Bedingungen geknüpft?
- Haben Sie Menschen verloren, die Sie geliebt haben und von denen Sie geliebt worden sind (zum Beispiel durch Scheidung oder Tod)?
- Wenn Sie Geschwister haben, hat man Ihre Geschwister Ihnen gegenüber vorgezogen?
- Konnten Sie Ihre Wünsche und Bedürfnisse äußern, und wurden diese dann auch ernst genommen und erfüllt?
- Wie sind Ihre Eltern mit Ihren Gefühlen umgegangen?
- Haben Sie ausreichend Zuwendung, Anerkennung und Unterstützung erfahren?

> Wurden Ihre Grenzen respektiert, oder haben Ihre Bezugspersonen Ihnen Grenzen gesetzt?
> War die Verantwortung, die man Ihnen übertragen hat, altersgerecht?
> Mußten Sie sich in Ihrer Kindheit um andere Familienmitglieder kümmern?

Liebesdrehbuch

Mein Mangel:

Meine Verletzungen:

Weitere Informationen:

Ihr Kellerkind hält nun sein Drehbuch in der Hand und wünscht sich nichts sehnlicher, als daß Sie seinen alten Schmerz heilen.

Da es einigen Menschen schwerfällt, sich an die Vergangenheit zu erinnern, gibt es noch eine andere Möglichkeit, mit der Sie Ihr Kellerkind garantiert ausfindig machen können. Bekanntlich führen viele Wege nach Rom.

Vorwürfe – endlich erlaubt

In unzähligen Beziehungsratgebern lesen Sie, daß Sie einen Satz nie mit dem Wort »Du« beginnen sollten, wenn Sie ein Gespräch mit Ihrem Partner führen. Das führt zum sofortigen Widerstand auf der Gegenseite. Für ein Gespräch unter Erwachsenen ist dieses Wort verboten! Aber da wir ja gerade dabei sind, mit Ihrem Kellerkind Kontakt aufzunehmen, ist alles erlaubt – auch »Du-Botschaften«.

Marion und Johannes geben dafür ein gutes Beispiel.

»Wir sind beide im Job sehr angespannt. Ich habe eine krankengymnastische Praxis, Johannes ist Manager – er ist gerade dabei, sich selbständig zu machen. Ich weiß, daß es eine schwierige Phase für ihn ist, die eine Menge Engagement erfordert. Doch wenn ich nach Hause komme und sehe, daß er nicht eingekauft hat, die Post, die er erledigen wollte, immer noch auf dem Schreibtisch liegt und er wichtige Telefonate nicht geführt hat, dann könnte ich durchdrehen. Ich bin müde und ausgelaugt. Hinzu kommt noch, daß mein Vater gerade sehr krank ist und ich mich auch noch um meine Eltern kümmern muß. Da kann ich doch wohl von meinem Partner erwarten, daß er mich bei den alltäglichen Dingen unterstützt, wenn ich schon das Geld für uns heranschaffe. Jeden Tag muß ich nachfragen, ob er dieses und jenes schon erledigt hat. Abgesehen davon möchte ich gerne schwanger werden, aber das klappt nicht. Es scheint ihm auch egal zu sein. Sein Arzt hat ihm geraten, er solle sein Streßlevel herunterfahren. Das hat er wohl sehr wörtlich genommen, denn jetzt tut er überhaupt nichts mehr. Wenn er sich in dieser Situation schon so verhält, wie kann ich mich dann auf ihn verlassen, wenn wir erst Kinder haben. An unsere Vereinbarung, jede Woche ein offenes Gespräch zu führen, hält er sich auch nicht mehr. Ohne mein Drängen würden wir zur Zeit überhaupt nicht mehr an unserer Beziehung arbeiten. Ich habe ihm zum Geburtstag schon ein paar Stunden bei meiner Therapeutin geschenkt und zu Weihnachten einen Meditationskurs, aber er will nirgendwohin. Er stellt sich stur. Wenn er nicht an sich arbeitet, sehe ich echt schwarz für uns, obwohl ich ihn liebe und auch unsere Ehe weiterführen will. Meine Schimpftirade hört sich bestimmt schlimm an. Natürlich hat er auch seine guten Seiten, deswegen bin ich ja schließlich mit ihm zusammen. Ach, ich habe einfach das Gefühl, daß mir alles zuviel wird. Wie soll ich es denn schaffen, mich um unser finanzielles Wohl und gleichzeitig um unsere Beziehung zu kümmern?«

»Ich fände es schön, jetzt die Gegenseite zu hören. Was haben Sie zur Ihrer ›Verteidigung‹ zu sagen?« Johannes sitzt schon wie ein Angeklagter in der Ecke.

»Ich weiß nicht, warum Marion so einen Aufstand macht. Ob das Geschirr in der Spülmaschine steht oder nicht, ob die Post drei Tage

später weg kommt oder ob mal keine Milch im Haus ist, das ist doch nicht so tragisch. Ich fühle mich jeden Tag unter Druck gesetzt. Ich will meine Firma aufbauen. Das kostet mich unheimlich viel Energie. Wenn es nach mir ginge, würde ich am liebsten ein Jahr Auszeit nehmen und mich erstmal richtig erholen. Aber dann haben wir ja noch den Kinderwunsch. Ich hätte auch gern Kinder, aber im Moment weiß ich selbst nicht, wie ich das finanziell auf die Reihe bringen soll – irgendwie habe ich kein offenes Ohr dafür. Ich fühle mich nur müde und erschöpft. Ich fand unsere wöchentlichen Zwiegespräche immer sehr angenehm, obwohl ich erst lernen mußte, offen mit Marion zu reden. Doch im Moment habe ich einfach keine Lust dazu. Da wir jedoch all diese Dinge in unserer Eheordnung geregelt haben, bin ich dazu verpflichtet, mache es aber nur halbherzig. Was Marion auf die Palme bringt, sind meine Versuche, mich davor zu drücken. Doch je mehr Druck sie auf mich ausübt, um so mehr mache ich die Schotten dicht. Ich erkenne wohl, daß sie es gut meint, mit den Gutscheinen für Therapie und Meditation. Aber mir bringt das nichts, und Spaß macht es mir auch nicht. Ich würde viel lieber zum Skilaufen gehen. Wenn ich das aufs Tapet bringe, dann wird sie zum HB-Männchen und wirft mir vor, ich würde nur an meinen Spaß denken und mich überhaupt nicht um unsere Ehe kümmern. Ich bin ratlos. Ich liebe Marion und kann mir ein Leben ohne sie überhaupt nicht vorstellen.«

»Wenn Sie beide jetzt einen Moment nachdenken und all die Vorwürfe aussprechen, die Ihnen auf der Zunge liegen, wie lauten diese dann? Welche Gefühle verbergen sich hinter Ihren Vorwürfen?«

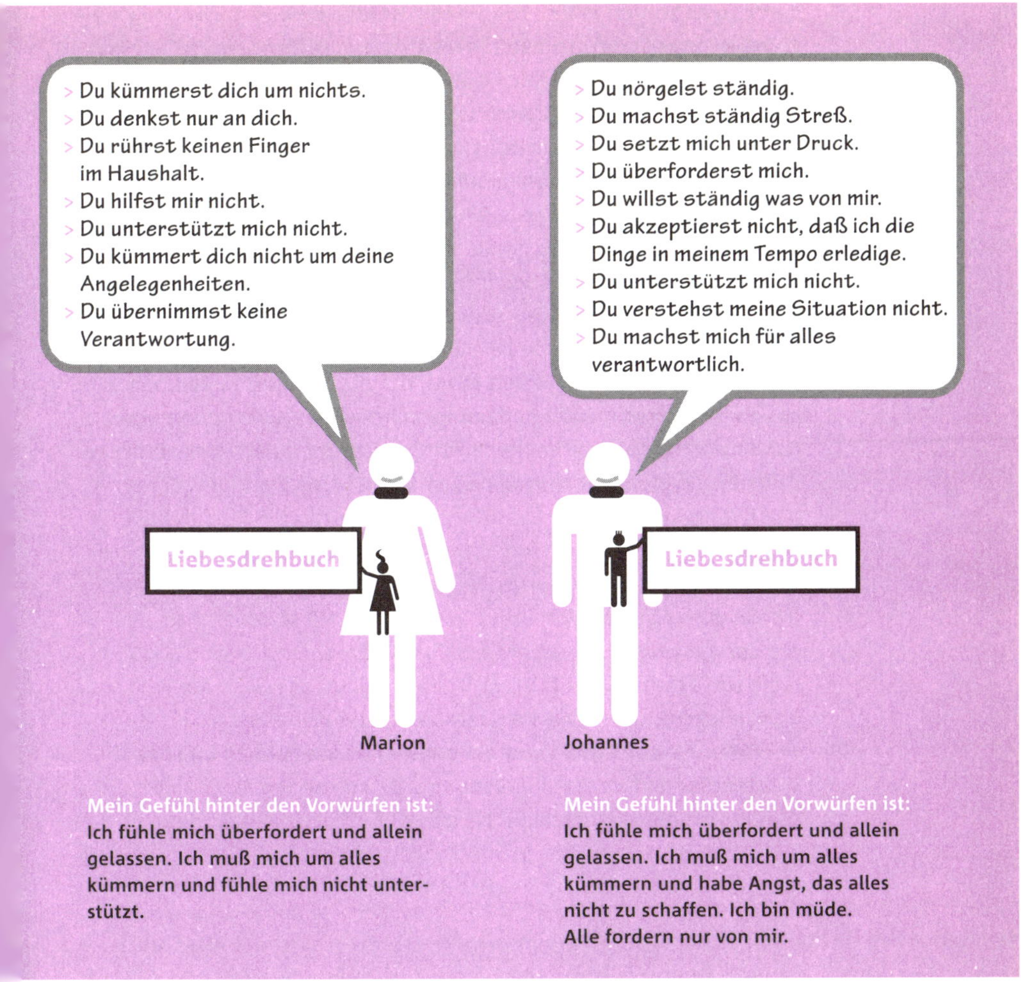

»Woher kennen Sie diese Gefühle?«

Marion: *»Meine Eltern haben sich nicht viel um mich gekümmert. Sie sagen immer ›Du hast schon als Kind alles gern selbständig gemacht‹. Aber wenn ich ehrlich bin, war das nicht so ganz freiwillig. Ich wuchs nämlich mit einem kranken Bruder auf, der all die Zuwendung meiner Eltern erhalten hat. Auch ich mußte ständig für ihn da sein.«*

»Johannes, woher kennen Sie diese Gefühle?«

»Mein Vater starb, als ich sechs Jahre alt war. Nach seinem Tod mußte ich mich um meine kleinen Geschwister, meine Mutter und unseren Bauernhof kümmern. Meine Kindheit war vorbei. Oft war ich müde und ausgelaugt, denn zur Schule mußte ich ja auch noch gehen. Ich hätte viel lieber nachmittags etwas unternommen, als zu Hause zu arbeiten. Jetzt erkenne ich auch den Zusammenhang! Uns beiden erging es ziemlich ähnlich. Im Moment fühle ich mich wieder mehr zu Marion hingezogen und habe ein gutes Gefühl, daß wir unsere Zukunft meistern können. Das hätte ich nicht für möglich gehalten.«

Wenn Sie nun Ihren letzten Streit, Ihr letztes Schreiduell noch mal durch Ihre Ohren rauschen lassen, sich die Vorwürfe nochmals vergegenwärtigen, die Sie Ihrem Partner gemacht haben oder gerne machen würden, wie lauten diese?

Als kleine Hilfestellung können Ihnen einige Beispiele von Seminarteilnehmern dienen:

- Du verstehst mich nicht.
- Du hörst mir nicht zu.
- Du magst ... lieber als mich.
- Du bist nicht zärtlich, nimmst mich nie in den Arm und sagst mir nie, daß du mich liebst.
- Du kümmerst dich nicht um mich.
- Du willst immer, daß ich mich nach dir richte.
- Du bist ein Egoist; deine Bedürfnisse sind immer wichtiger als meine.
- Du willst immer dann reden, wenn ich nicht mag.
- Du hilfst mir nie, immer muß ich alles allein machen.
- Du bist sofort sauer, wenn ich mal sage, was mir nicht paßt.
- Du kritisierst mich und nörgelst immer an mir herum.
- Du liebst mich nicht wirklich.
- Du hältst nie, was du versprichst.

Meine Vorwürfe

Wenn Sie diese Übung machen, ist es sehr hilfreich, den Satz mit »Du« zu beginnen. Gelingt Ihnen das nicht, verwenden Sie Worte wie »nie, immer, wieder«!

Ihre Vorwürfe und die zugrundeliegenden Gefühle führen zwangsläufig zu der entscheidenden Frage:

Was wollen Sie von Ihrem Partner? Was soll er tun oder unterlassen? Wie soll er sich Ihnen gegenüber verhalten? Was wünschen Sie sich stellvertretend von ihm?

Herzlichen Glückwunsch! Sie haben sich soeben mit Ihrem Kellerkind bekannt gemacht – so einfach war das. Sie wissen nun, was ihm fehlt und was es immer noch braucht.

Das ist die Grundvoraussetzung dafür, es aus seinem Zustand des Mangels zu erlösen, es – wie ich es nenne – nachzubeeltern.

Wie das im einzelnen funktioniert, dazu kommen wir etwas später (siehe Seite 166 ff.). Zuvor werfen wir noch einen genaueren Blick in Ihr Drehbuch. Dort gibt es sicherlich das eine oder andere, was nach Änderung schreit.

Wir holen das Kind aus dem Keller

Sie haben jetzt Ihr Kellerkind identifiziert. Allerdings ist die kleine schwarze Halskrause, die Sie bereits aus den Zeichnungen kennen, leider noch nicht verschwunden. Das bedeutet, daß Sie bisher noch keinen **bewußten** Kontakt zu Ihrem Kellerkind hergestellt haben.

Die Verbindung ist sozusagen noch unterbrochen. Das war auch der Grund, weshalb Ihr Kellerkind bis jetzt auf den Schoß Ihres Partners mußte und erwartete, daß dieser sich an Ihrer Stelle um seine Bedürfnisse kümmert.

Ich werde Ihnen nun zeigen, wie Sie bewußt Kontakt zu Ihrem Kellerkind aufnehmen können. Ich rate Ihnen dringend, diese Übung zu machen – sie ist der Schlüssel zu Ihrem Drehbuch und damit Voraussetzung für die Nachbeelterung. Wenn Sie allerdings keine Lust darauf haben, ist das auch kein Problem. Warten Sie einfach bis zum nächsten Beziehungscrash! Es ist Ihre Entscheidung.

Nehmen Sie sich bitte einen Augenblick Zeit. Kommen Sie zur Ruhe. Ich habe die Erfahrung gemacht, daß es für viele Teilnehmer hilfreich ist, sich beide Hände auf den Bauch zu legen. Schließen Sie die Augen, und stellen Sie sich vor, wie Sie damals als kleiner Junge oder kleines Mädchen ausgesehen haben. Sie können gerne auch alte

Fotos zu Hilfe nehmen. Und dann beginnen Sie einfach, mit diesem kleinen Kind zu sprechen. Erinnern Sie sich noch an Ihre Vorwurfssätze? Wenn nicht, lesen Sie sie nach. Hinter all diesen Sätzen steht, wie Sie wissen, ein Gefühl des Mangels oder Schmerzes Ihres Kellerkindes. Sagen Sie Ihrem Kellerkind, daß Sie Kontakt mit ihm haben möchten, es näher kennenlernen wollen und daß es Ihnen leid tut, daß es schon so viele Jahre im Dunklen sitzt und Sie es immer wieder Ihrem Partner zugeschoben haben. Warten Sie einfach ab, was passiert. Kellerkinder verhalten sich ganz unterschiedlich. Die einen wagen sich schnell aus dem Keller, die anderen sind skeptisch – wozu sie ja auch guten Grund haben. Wer kann Ihrem Kellerkind letztlich garantieren, daß Sie es wirklich ernst mit ihm meinen? Setzen Sie Ihr Kellerkind nicht unter Druck, sonst wird es sich nur noch weiter ins Dunkle verkriechen. Schenken Sie ihm vielmehr so viel Aufmerksamkeit, Zuwendung, Wertschätzung, Verständnis und Liebe, wie Sie können. Teilen Sie ihm mit, daß Sie sich in Zukunft besser um seine Bedürfnisse kümmern werden – sofern Sie das wirklich vorhaben! Bei den meisten Menschen stellt sich nach ein paar Minuten ein warmes und gutes Gefühl ein. Sollte das bei Ihnen nicht der Fall sein, verzweifeln Sie nicht, Sie haben nichts falsch gemacht. **Geben Sie sich und Ihrem Kellerkind Zeit, wieder Vertrauen zu fassen und machen Sie die Übung am besten eine Weile lang täglich.** Denken Sie an Ihr tägliches »Body-Tuning« – ohne gehen Sie ja auch nicht außer Haus.

Das Beispiel von Sebastian zeigt, wie er den Kontakt zum eigenen Kellerkind hergestellt hat.

»Ich finde dieses Bild komisch, bei mir klappt das nicht mit dem Kellerkind. Ich glaube ja, es ist eher etwas für Frauen, sich so ein kleines Kind vorzustellen und einfach ins Leere zu reden. Ich habe eine richtige Abneigung dagegen.«

»Sebastian, was fühlen Sie gerade in diesem Moment?«

»Wenn ich ehrlich bin, dann bin ich wütend, und wenn ich jetzt reden könnte, wie ich wollte, dann würde ich sagen: ›Laßt mich doch mit diesem ganzen Quatsch in Ruhe!‹ Auf der anderen Seite aber spüre ich, daß ich mich nicht traue zu sagen, was ich fühle. Ich mache lieber

gute Miene zum ›bösen Spiel‹, nach dem Motto: ›Dann habt ihr Frauen wenigstens euren Willen und ich meine Ruhe‹. Das war schon in meiner Kindheit so. Es gab weit und breit keinen Jungen, mit dem ich hätte spielen können. Um nicht ganz allein zu sein, habe ich natürlich immer mit meinen Schwestern gespielt, obwohl ich dazu keine Lust hatte.«

»Machen Sie jetzt bitte einmal folgendes: Schließen Sie für einen kurzen Moment Ihre Augen und stellen Sie sich den kleinen Sebastian vor. Dann sagen Sie ihm einfach hallo und schauen, spüren und hören einfach mal, was passiert.«

Nach ein paar Minuten öffnet Sebastian seine Augen.

»Ich sah einen kleinen Jungen in Lederhosen, der völlig genervt, von Barbiepuppen und Schwestern umzingelt, im Garten sitzt und stocksauer ist. Ich habe zu ihm gesagt, daß ich verstehen kann, daß er keine Lust auf diese Spiele hat. Er hat mich an die Hand genommen und ist mit mir in den Wald gegangen. Und sofort war auch mein Gefühl, dieses Genervtsein, verschwunden. Ich könnte jetzt irgendwie losprusten vor Lachen, obwohl ich andererseits auch Traurigkeit verspüre. Es ist, als würde dem Kleinen ein ganzes Stück Kindheit fehlen, all die Dinge, die man als Junge so erlebt.«

Und hier das Beispiel von Rita:

»Ich habe gestern abend ein wenig geübt, doch offen gesagt, fühle ich nichts. Rein gar nichts. Kann es sein, daß ich irgend etwas falsch mache?«

»Machen Sie bitte einmal folgendes: Stellen Sie sich vor, in Ihnen sitzt die kleine Rita und ist völlig gefühllos. Bringen Sie dem, was sie empfindet, nun Verständnis entgegen – und zwar nicht mit dem Anspruch, ihre Gefühllosigkeit sofort beseitigen zu wollen. Was passiert, wenn Sie diese annehmen als das, was sie ist – einfach ein Gefühl?«

»Ich weiß nicht so recht, dann kommt etwas in mir hoch, das ich noch weniger einordnen kann und eher als unangenehm bezeichnen würde.«

»Können Sie das unangenehme Gefühl genauer beschreiben? Was ist es?«

»Wenn ich ehrlich bin, möchte ich jetzt viel lieber etwas anderes machen, zum Beispiel am Computer arbeiten oder mich über etwas anderes unterhalten.«

»Was Sie jetzt spüren, Rita, ist Widerstand. Sie möchten am liebsten flüchten.«

»Ja, so fühlt es sich an.«

»O. k., auch das ist kein Problem. Nehmen Sie Ihren Widerstand ernst. Widerstände sind nicht negativ, sie haben eine Schutzfunktion. Sie sind eine Art innere Security. Stellen Sie sich nun bitte vor, Sie hätten ein Unternehmen, und in diesem Unternehmen gäbe es einen Pförtner, den Sie noch nie richtig wahrgenommen haben. Und nun wollen Sie ihn plötzlich entlassen. Was glauben Sie, wie er sich fühlt, nach 25 Jahren Dienstzeit?«

»Ich denke, er wäre stinksauer, wenn ich ihn einfach auf die Straße setzen würde.«

»Stimmt genau. Deshalb ist es doch besser, ihn zuerst einmal zu fragen, welche Aufgaben er bislang übernommen hat.«

Ritas Ausdruck verändert sich schlagartig. *»Das ist wirklich ein sehr gutes Beispiel. Ich sehe einen alten Mann mit Schirmmütze und Anzug. Hoffentlich hält mich jetzt keiner für total übergeschnappt, aber als Photographin liebe ich es, in Bildern zu denken. Jetzt sehe ich auf seinem Schoß die kleine Rita sitzen. Es ist, als hätten die beiden einen Pakt geschlossen, der da heißt: ›Ich will nie wieder so etwas fühlen, und er ist dazu da, die kleine Rita zu beschützen‹.«*

»Was hat denn die kleine Rita Schlimmes erlebt, daß sie diesen Eid geschworen hat?«

»Meine Eltern haben sich getrennt, als ich zwei Jahre alt war. Ich bin nicht, wie es üblich ist, bei meiner Mutter aufgewachsen, sondern bei meinem Vater. Warum, weiß ich eigentlich bis heute nicht. Was das Gefühl angeht, vielleicht habe ich nie überwunden, daß mich meine Mutter allein gelassen hat.«

»Der kleinen Rita ist also durch den Verlust ihrer Mutter ein solcher Schmerz zugefügt worden, daß sie dieses Gefühl nie wieder erleben wollte. Für sie bedeutet lieben, verlassen zu werden. Deshalb hat sie sich auch mit dem Pförtner verbündet, der ihr hilft, keine Gefühle zuzulassen.«

»Mein Freund sagt oft zu mir, er hätte das Gefühl, vor meinem Herzen würde ein dicker Stein liegen.«

»Rita, machen Sie nun bitte folgendes: Loben Sie Ihren Pförtner dafür, daß er diesen Job so viele Jahre tadellos erledigt hat, aber sagen Sie ihm auch, daß Sie jetzt gern einmal direkt mit der kleinen Rita reden wollen. Was geschieht nun?«

»Er ist verwundert, schaut mich an und meint: ›Es ist ohnehin deine Aufgabe und deine Verantwortung. Ich bin froh, daß du dich jetzt um sie kümmern willst.‹ Er reicht mir die Hand und gibt mir die kleine Rita auf den Arm. Ich fühle mich irgendwie erleichtert. Gleichzeitig steigt ein Gefühl der Traurigkeit in mir hoch. Ich möchte die kleine Rita gerne beschützen, brauche aber erst einmal ein wenig Zeit, um das alles zu verarbeiten.«

»Ich kann Sie sehr gut verstehen. Eine Bitte hätte ich aber trotzdem noch: Können Sie sich noch einen Augenblick um die Kleine kümmern, damit sie mit ihrer Traurigkeit nicht alleine ist? Sagen Sie ihr, daß sie mit Recht traurig ist, und daß Sie für sie da sind und auch da bleiben.«

Bei der Kontaktaufnahme mit Ihrem Kellerkind geht es nicht darum, das schlechte Gefühl zu eleminieren, sondern in erster Linie darum, das Gefühl, welches gerade da ist, anzunehmen.

Glücklicherweise sind wir alle einzigartig, unsere Gefühlswelten vielfältig und unsere Vorstellungsgabe unterschiedlich. Wenn Ihnen die eben beschriebene Methode der Kontaktaufnahme mit Ihrem Kellerkind nicht liegt, können Sie Ihm auch gern einen Brief schreiben oder ein Tagebuch führen. Probieren Sie einfach aus, was Ihrer Persönlichkeit am besten entspricht, was Ihnen Spaß macht.

Meine Erfahrungen mit meinem Kellerkind, nachdem ich mit ihm in Kontakt getreten bin:

Wie Sie eben gesehen haben, ist es ganz einfach, eine Verbindung zu Ihrem Kellerkind herzustellen und die Halskrause zu entfernen. Widerstände lassen sich beseitigen, und am Ende stellt sich immer ein Gefühl der Nähe und Verbundenheit ein.

Sie können von einem anderen Menschen nur in dem Maße geliebt werden, in dem Sie selbst bereit sind, sich Liebe zuteil werden zu lassen. Solange Sie kein offenes Herz für Ihr Kellerkind haben, werden Sie Ihr Herz auch nicht für die Liebe öffnen können, die auf Sie wartet und die Sie geben können.

Wo ist mein Kellerkind?

Wenn Sie die Übungen durchgeführt haben, müßte jetzt auf Ihrem Schoß ein strahlendes und vergnügtes Kellerkind sitzen, Ihr Kellerkind. Auch wenn es noch verletzt und bedürftig ist, kann es doch sicher sein, daß sich in Zukunft jemand um sein Wohlergehen kümmern wird.

Falls Sie jetzt, während Sie diese Zeilen lesen, kein gutes Gefühl haben, könnte es an folgendem liegen:

> Ihr Kellerkind ist auf dem Schoß Ihres Partners und wartet noch immer darauf, daß er seinen Schmerz lindert.
> Das Kellerkind Ihres Partners sitzt auf Ihrem Schoß und will, daß Sie ihm helfen.
> Sie und Ihr Partner wollen mit dem eigenen Kellerkind nichts zu tun haben und kümmern sich lieber stellvertretend um das Kellerkind des anderen.

Es geht nicht darum herauszufinden, welches Kellerkind als erstes die Bühne betreten hat, sondern vielmehr darum zu erkennen, daß jeder sich um sein eigenes Kellerkind kümmern muß. Nur so setzen

Sie dem Leid ein Ende und schaffen gleichzeitig die Voraussetzung dafür, daß neue Einträge in Ihren Liebesdrehbüchern vorgenommen werden können.

Lesen Sie nun im folgenden, welche Erfahrung Klaus und Daniela gemacht haben.

»Bei der Übung, das Kind aus dem Keller zu holen, hatte ich so meine Probleme. Ich würde mich viel lieber um das Kellerkind von Daniela kümmern. Meine Kindheit war schwierig. Mein Vater hat getrunken, und es gab ständig Streit zwischen ihm und meiner Mutter. Ich habe sehr darunter gelitten und möchte auch nicht so gern daran erinnert werden. Daniela hat es auch nicht einfach gehabt. Ihr Vater hat ihre Mutter verlassen, als sie und ihre Geschwister noch klein waren. Sie fühlt sich schnell überfordert, und wenn sie Probleme hat, dann freue ich mich, ihr helfen zu können.«

»Klaus, wenn Sie sich nicht um Ihr eigenes verletztes Kellerkind, sondern um die kleine Daniela kümmern, hilft das weder Ihnen noch

Ihrer Freundin. Ihre Drehbücher bleiben so, wie sie sind, und keines Ihrer Kellerkinder hat tatsächlich Kontakt zu seinem erwachsenen Ich. Daniela kann auch nur dann Heilung erfahren, wenn sie sich selbst um ihre Verletzungen kümmert. Sie können ihr da nichts abnehmen.«

Und hier die Erfahrungen von Caroline und Dieter:

»Wir haben gestern abend ein wenig geübt, und ich muß sagen, es ist mir richtig gut gelungen, den Kontakt mit der kleinen Caroline herzustellen. Doch Dieter zieht nicht so richtig. Ich habe das Gefühl, daß der kleine Dieter viel lieber auf meinen Schoß will. Heute morgen nach dem Aufstehen ist mir aufgefallen, daß es Momente gibt, in denen ich das Gefühl habe, daß Dieter mir Energie raubt. Alles ist so schleppend und fühlt sich irgendwie schwer an. Ich sage dann oft: ›Dieter, die Luft ist wieder dick.‹ Das ist meistens der Fall, wenn er schlechte Laune hat oder völlig ausgepowert von der Arbeit nach Hause kommt. Hat das auch etwas mit unseren Kellerkindern zu tun?«

Dazu bietet sich eine kleine Übung an:

1. Schließen Sie die Augen und stellen Sie sich Ihr Kellerkind vor.
2. Wo befindet es sich gerade? Auf Ihrem Schoß oder bei Ihrem Partner?
3. Stellen Sie sich nun Ihren Partner mit seinem Kellerkind vor. Wo ist sein Kellerkind und vor allem, wie geht er mit ihm um – mögen die beiden sich?
4. Fragen Sie Ihr Kellerkind, wie es sich mit den beiden anderen Darstellern fühlt.
5. Was wünscht sich Ihr Kellerkind von Ihnen und Ihrem Partner?

Caroline: *»Das ist ja spannend. Bei dieser Übung habe ich den kleinen Dieter gesehen. Er ist total wütend, während der große Dieter mit der Wut des kleinen nichts zu tun haben will. Es war erschütternd zu sehen, wie der Kleine versucht hat, mit seiner Aggression Dieter zu erreichen – aber vergeblich. Daher kommt er lieber zu mir. Jetzt, wo ich weiß, woran es liegt, könnte ich beim nächsten Mal mit Dieter reden* *wie mit einem kleinen wütenden Jungen. Ich kann mit Wut gut umgehen, das macht mir nichts aus.«*

»Ja, genau das ist der Sinn dieser Übung. Wenn Sie wissen, mit wem Sie es gerade zu tun haben, dann können Sie auch dementsprechend reagieren. Und sich natürlich auch mit Ihrem Partner darüber austauschen.«

Dieter: *»Caroline hat völlig recht. Ich kann Wut und Aggression nicht leiden, oder besser gesagt, dem ›Kurzen‹ hat man solche Gefühle immer verboten. Als ich die Übung gemacht habe, hat der kleine Dieter gesagt, daß er lieber zu Caro will, weil sie viel netter zu ihm ist als ich. Aber wir haben bereits ein bißchen darüber verhandelt, einen Deal gemacht. Ich glaube, ich kriege das in Zukunft hin.«*

Und wo ist der Lieblingsplatz Ihres Kellerkindes?

Und nun noch ein kleiner Hinweis, liebe Leser:

Das Leben besteht nicht nur aus Problemen, Kellerkindern und Psychologie. Wenn es genug ist, dann ist es genug! Respektieren Sie sich selbst und lassen Sie sich sowie Ihrem Partner ausreichend Zeit. Jeder hat sein eigenes Tempo.

Sie sollten nun eine Pause einlegen! Freuen Sie sich, seien Sie stolz auf sich! Sie sind auf dem besten Weg zu Ihrer wirklichen Lovestory. **Und schätzen Sie sich selbst und das, was Sie bisher in Ihrem Leben geleistet haben, wert! Das ist auch ein Ausdruck von Liebe.**

Gehören Sie zu den Menschen, die glauben, daß die Liebe irgendwann verschwindet, sich auflöst? Was passiert, wenn Ihre Gefühle Achterbahn fahren und Ihre Liebe plötzlich abhanden gekommen zu sein scheint, sich irgendwo versteckt hat? Vielleicht kennen Sie diesen Zustand ja aus vergangenen Beziehungen. Möglicherweise stecken Sie auch in diesem Moment in einem Gefühlsstau oder im Liebeschaos.

Lesen Sie dazu das Beispiel von Erika und Harald.

»Ich bin seit einiger Zeit unglücklich in meiner Beziehung. Ich habe das Gefühl, daß ich das Ganze beenden muß, wenn sich nichts ändert. Für Harald ist die Welt in bester Ordnung, wenn er seinen Job erledigen, am Wochenende segeln, etwas Leckeres essen und täglich mit mir Sex haben kann. Für ihn stimmt einfach alles, wenn wir bloß nicht streiten. Aber ich spüre, daß ich dabei verhungere, da es irgendwie nie um mich geht. Er weiß überhaupt nicht, wer ich bin, was ich mir wünsche, was ich fühle und denke. Er fragt mich nie danach. Jetzt, wo ich hier sitze und die ganze Last von mir abfällt, bekomme ich auf einmal Angst, daß mir wirklich nur der Schritt bleibt, mich von ihm zu trennen. Ich habe ziemlich genaue Vorstellungen davon, was ich in einer Beziehung spüren möchte. Dieses Gefühl habe ich bei uns beiden einfach nicht. Mir ging es damals, als ich Harald kennenlernte, emotional richtig schlecht. Ich sehnte mich nach Zärtlichkeit, Liebe und Zuwendung. Harald war Balsam für meine Seele, für meinen Körper, für meine depressive Stimmung.

Vor Harald hatte ich schon mehrere Beziehungen. Er dagegen hat einfach kein Beziehungs-Know-how. Ich bin seine dritte Partnerin. Ich kann ihm das ja nicht verübeln, manchmal ist er richtig bemüht, aber das reicht mir nicht. Ich will, daß auch mal etwas von ihm ausgeht, daß er sich um mich, um unsere Beziehung kümmert. Ich fühle mich verzweifelt, einsam, hilflos und habe Angst, ihn zu verlassen. In der Vergangenheit war ich immer diejenige, die Beziehungen beendet hat, und wenn ich ehrlich bin, immer aus genau diesem Grund und aus diesem Gefühl heraus.«

»Ich bin mir sicher, daß bei Ihnen kein wirklicher Trennungsgrund vorliegt. Wenn ich all die Vorwurfssätze noch einmal rekapituliere, dann haben wir hier ein Kellerkind beziehungsweise zwei schreiende Kellerkinder vor uns, während die ›Erziehungsberechtigten‹ weit und breit nicht zu sehen sind. Am mangelnden Beziehungs-Know-how läßt sich arbeiten. Eines sei an dieser Stelle aber gesagt: Es treffen immer zwei Menschen mit dem gleichen Beziehungslevel aufeinander. Erika, Sie sprachen von seinem fehlenden Know-how, wie schaut es denn mit Ihrem Wissen über Kommunikationsregeln aus?«

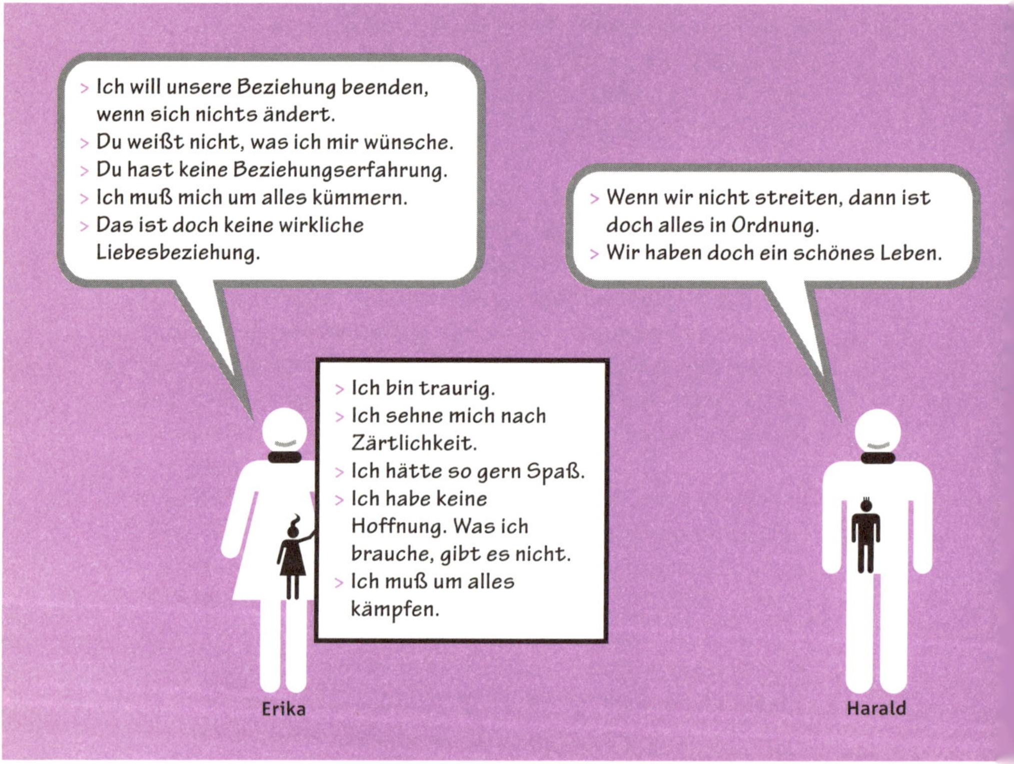

»Mein Herz schlägt mir bis zum Hals, wenn ich das alles höre, und ich könnte nur noch weinen. Das ist so armselig. Ich möchte am liebsten wegrennen.«

»Vor wem? Vor Harald oder vor dem Schmerz, der Traurigkeit, dem Mangel, der Hoffnungslosigkeit, vor dem Gefühl, ständig kämpfen zu müssen, nicht geliebt zu werden?«

»Wohl mehr vor meinen Gefühlen.«

»Ich habe den Eindruck, daß die Überzeugung Ihres Kellerkindes folgende ist: ›Was ich brauche, gibt es nicht. Ich muß immer kämpfen. Für mich gibt es keine Liebe und niemanden, der sich um mich und um meine Bedürfnisse kümmert. Ich bin allein.‹«

»Ja, genauso fühle ich mich, und jetzt wird mir auch der Zusammenhang klar. Solange ich diese Gefühle mit mir herumschleppe, werde ich immer wieder Situationen durchleben, in denen mein Kellerkind auf der Bühne steht. Wenn ich jetzt in mich hineinspüre, dann habe ich den Wunsch, jemandem die Schuld zu geben. Bisher war der Schuldige immer Harald.«

»Für wen in Ihrer Familie hat Harald denn die Rolle übernommen?«

»Das kann ich nicht genau sagen. Das war immer so ein allgemeines Gefühl in meiner Familie. Ich möchte noch etwas loswerden, obwohl ich mich ein wenig schäme. Harald, es tut mir leid, daß ich dir in der Vergangenheit diesen Rucksack aufgebürdet habe. Ich wollte mit meinem Kellerkind und diesem Schmerz nichts zu tun haben. Es war für mich leichter, dir die Schuld zu geben, als mich selbst dafür verantwortlich zu machen. Danke, daß du nicht weggerannt bist.«

Wenn Sie sich in einem Gefühlschaos befinden, Sie hin- und herschwanken zwischen zwei Polen wie »ich will dich – ich will dich nicht, ich liebe dich – ich liebe dich nicht, soll ich mich trennen oder nicht?«, dann ist das ein sicherer Hinweis darauf, daß Ihr Kellerkind aktiviert worden ist.

Solange Sie sich selbst nicht annehmen, so wie Sie sind, sich selbst keine Liebe entgegenbringen, können Sie auch zu keinem anderen Menschen ja sagen.

Grundsätzlich gilt: Je besser Sie und Ihr Partner über Ihre Liebesdrehbücher und die Verletzungen Ihrer Kellerkinder Bescheid wissen, umso mehr Verständnis haben Sie füreinander: **Erkenntnis ist ein Schlüssel zur Liebe.**

Teil III
Kleine und große Baustellen

Dich

Dich
dich sein lassen
ganz dich

Sehen
daß du nur du bist
wenn du alles bist
was du bist
das Zarte
und das Wilde
das was sich losreißen
und das was sich anschmiegen will

Wer nur die Hälfte liebt
der liebt dich nicht halb
sondern gar nicht
der will dich zurechtschneiden
amputieren
verstümmeln

Dich dich sein lassen
ob das schwer oder leicht ist?
Es kommt nicht darauf an mit wieviel
Vorbedacht und Verstand
sondern mit wieviel Liebe und mit wieviel
offener Sehnsucht nach allem –
nach allem
was *du* ist

Nach der Wärme
und nach der Kälte
nach der Güte
und nach dem Starrsinn
nach deinem Willen
und Unwillen

nach jeder deiner Gebärden
nach deiner Ungebärdigkeit
Unstetigkeit
Stetigkeit

Dann
ist dieses
dich dich sein lassen
vielleicht
gar nicht so schwer

Erich Fried

Die Baustellen

Wie Sie sehen, sind Probleme innerhalb einer Beziehung nicht auf vordergründige Dinge wie Kommunikationsprobleme, sexuelle Probleme oder finanzielle Streitigkeiten zurückzuführen – dies sind die meistgenannten Gründe, warum Beziehungen im Konkurs oder Ehen vor dem Scheidungsrichter landen.

Die wirklichen Ursachen lassen sich immer wieder in Ihrem Drehbuch/bei Ihrem Kellerkind finden und entstehen nicht zuletzt aufgrund Ihres mangelnden Beziehungs-Know-hows.

Das hört sich hart an, ist aber so. Sie projizieren nämlich Ihre Kellerkinder auf sogenannte Baustellen. Diese Baustellen erschweren den Blick auf das ursächliche Problem – die Verletzungen Ihres Kellerkindes und die alten Einträge Ihres Liebesdrehbuchs. Solange solche

Baustellen bestehen, wird es keinen flüssigen Verkehr geben. Sie stehen entweder im Stau oder nehmen zeitintensive Umleitungen in Kauf, die auch noch eine Menge Kraft(stoff) erfordern.

Sehen wir uns dazu das Beispiel von Sabine und Uwe an:

Sabine: *»Bei uns heißt die Baustelle Haushalt. Bevor wir zusammengezogen sind, hat Uwe noch bei seinen Eltern gewohnt. Er hatte dort zwar eine eigene Wohnung, aber es war trotzdem ›Hotel Mama‹, wo außerdem noch eine Köchin, eine Putzfrau und eine Waschfrau beschäftigt waren. Als ich das erste Mal bei ihm übernachtet habe, wollte ich am Morgen das Bett machen. Da hieß es: ›Laß das bitte, Sabine, dafür haben wir doch Personal.‹ Dieses Erlebnis fällt mir immer wieder ein, wenn wir zu Hause über die Haushaltspflichten streiten. Ich arbeite genausoviel wie Uwe. Wenn ich mich aber nicht darum kümmern würde, daß unser Kühlschrank voll ist, könnten sich die Mäuse dort Blutblasen rennen. Solange wir zusammen sind, hat er noch kein einziges Mal das Bett gemacht. Wenn wir Gäste einladen, dann muß ich mich darum kümmern. Aber um fair zu bleiben: Uwe kocht gern und räumt danach auch die Küche wieder auf. Aber dennoch gibt es Dinge, die kann und will ich einfach nicht akzeptieren.«*

Uwe: *»Ich habe dir schon tausendmal gesagt, daß du mir einfach nur sagen sollst, was zu tun ist. Dann mache ich es auch.«*

Sabine: *»Ja, wenn das so einfach wäre! Wenn du einkaufen gehst, rufst du mich zehnmal an und fragst, welches Toilettenpapier du kaufen sollst. Bevor ich dir das alles erkläre, mache ich es lieber selbst.«*

Uwe: *»Ich weiß gar nicht, wieso du immer wieder auf den gleichen Sachen herumreiten mußt. Am Anfang hat es dich doch auch nicht gestört, das Bett zu machen und einzukaufen, oder?«*

»Halt! Bevor wir in die nächste Runde Ihres Kellerkinderkampfes gehen, sollten wir uns lieber den tobenden Kellerkindern widmen und sie nicht weiter schreien lassen.«

Baustelle Haushalt

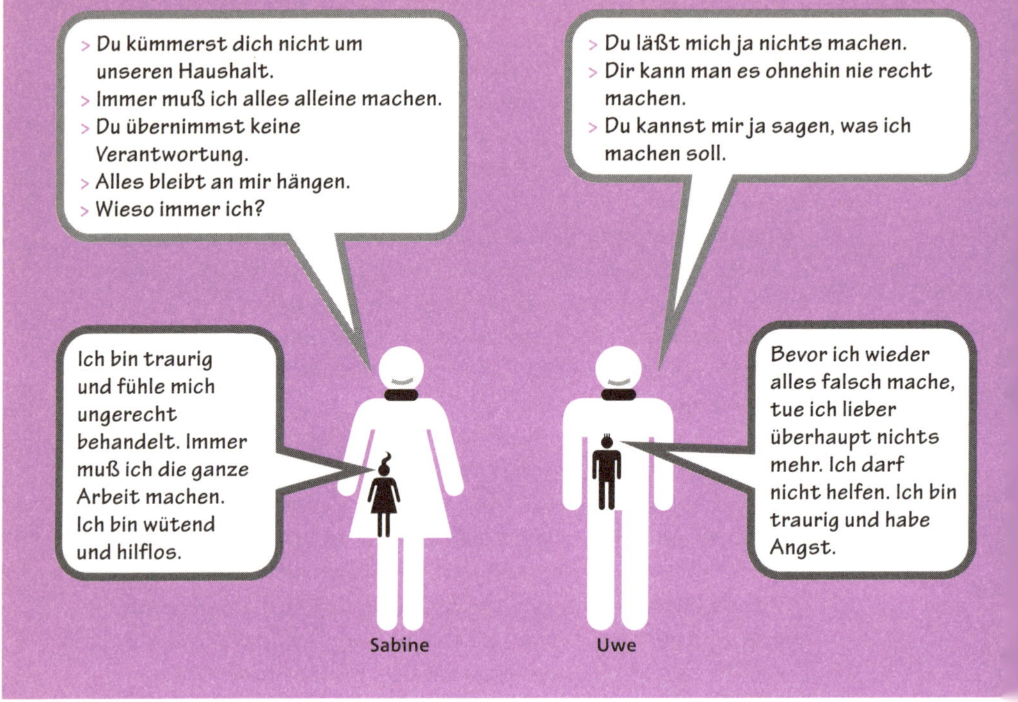

»Wenn Sie beide nun die Zeichnung sehen, woher kennen Sie all die Gefühle?«

Sabine hat Tränen in den Augen.

»Mein Bruder ist mir – so lange ich denken kann – immer vorgezogen worden. Er hat nie irgend etwas im Haushalt tun müssen. Sollte er mal abtrocknen, hat er gleich einen Teller fallengelassen, so daß ich ran mußte. Das ging so lange, bis er überhaupt nichts mehr tun mußte. Ich spüre wieder dieses ›Wieso-immer-ich-Gefühl‹ von damals, diese Ungerechtigkeit und auch Hilflosigkeit.«

»Dann ist es jetzt an der Zeit, sich um die kleine Sabine zu kümmern, sie mit all ihrer Traurigkeit, ihrem Schmerz und Zorn in Ihr Herz zu schließen. Geben Sie Ihr das Gefühl, daß Sie verstehen, wie es ihr geht. Sie darf sich ungerecht behandelt fühlen, traurig und wütend sein. Sie möchte jetzt verstanden, wertgeschätzt und geliebt werden. Nehmen Sie sich die Zeit, die Sie brauchen, um ihr dieses Gefühl nun zu geben.«

Uwe: *»Wenn ich Sabine jetzt so sitzen sehe, würde ich sie am liebsten in den Arm nehmen. Ich verstehe zum ersten Mal, was sie immer gemeint hat. Es tut mir leid, daß ich ihr die ganze Arbeit überlassen habe. Das war keine Absicht. Ich glaube, ich habe einfach Angst.«*

»Wovor?«

»Daß man mich nicht mehr mag.«

»Uwe, legen Sie bitte die Hände auf Ihren Bauch und nehmen Sie Kontakt zum kleinen Uwe auf. Sagen Sie ihm, daß er ruhig Angst haben darf, etwas falsch zu machen, und daß es völlig in Ordnung ist, diese Gefühle zu haben. Zeigen Sie ihm so lange, daß Sie ihn verstehen, bis sich sein Gefühl ändert.«

»Mir fallen gerade eine Reihe von Situationen ein, in denen ich mich zu Hause nützlich machen wollte. Aber meine Mutter ist eine Perfektionistin. An allem hat sie etwas auszusetzen. Mein Vater hat irgendwann kapituliert. Bis heute hat sie die Hosen an und kümmert sich um alles. Ich weiß noch, wie ich als kleiner Junge einmal bügeln wollte. Meine Mutter sah mich mit dem Bügeleisen und rastete völlig aus. Es sei viel zu gefährlich und sie wolle es nicht noch einmal erleben, daß ich mich in der Wäschekammer aufhielte. Ich durfte nicht helfen. Es war bei uns völlig tabu.«

Sabine: *»Ich bin wirklich betroffen. Jetzt verstehe ich Uwe erst. Oje, wenn ich bedenke, welche Grabenkämpfe wir uns wegen des Haushalts geliefert haben – nur noch lächerlich!«*

»Jetzt ist noch ein weiterer Schritt erforderlich. Sie sollten sich Ihr Elterndrehbuch anschauen und sich dabei folgende Fragen stellen: Was haben Ihre Kellerkinder zum Thema Haushalt, Rollenverteilung und so weiter von den Eltern gelernt? Welches Rollenverhalten haben Sie übernommen? Was machen Sie heute genau umgekehrt? Eines kann ich Ihnen schon jetzt verraten: Sie werden staunen. Natürlich sollten Sie für die Zukunft auch klären, wie Sie Ihren Haushalt managen wollen. Wichtig ist, daß Sie klare Absprachen treffen, wer wofür verantwortlich ist, zumal Sabine ja besser mit Wischmop und Staubwedel vertraut ist als Sie, Uwe. Und noch etwas: Der kleine Uwe hat im Drehbuch beim Kapitel Hausarbeit lediglich den Eintrag: *Es wird alles erledigt, ich darf nichts tun.* Diese Stelle sollten Sie unbedingt ändern, bevor Sie die Aufgaben aufteilen.«

Der Fall von Sabine und Uwe zeigt deutlich, daß ihre Beziehung auf den ersten Blick von dem Problem Haushalt und Kommunikation belastet schien. Doch bei genauerem Hinsehen wurde klar, daß die Ursachen zwei verletzte Kellerkinder waren. Solange sich diese auf der Bühne befanden, ließen sich keine effektiven Lösungen für die Probleme der Erwachsenen finden.

Es gibt eine ganze Reihe von Baustellen, auf die Sie Ihre Probleme projizieren können. Nur wenn Sie sich dem Kern der Probleme zuwenden, haben Sie die Möglichkeit, Ihr Liebesdrehbuch sichtbar zu machen.

Lassen Sie sich diese Chance nicht entgehen!

Die Familie

Bei der Inspektion Ihrer Baustellen geht es in erster Linie darum, sich darüber bewußt zu werden, was Sie von Ihren Eltern und anderen wichtigen Bezugspersonen über den Umgang mit dem Partner und die Gestaltung von Ehe, Partnerschaft und Familienleben gelernt haben. Oft genug stellt jedoch die Familie selbst eine beachtliche Baustelle dar, oder hätten Sie sich bei einem Familientreffen noch nie am liebsten krank gemeldet?

Gerade bei Fragen der Rollenverteilung, des Managements einer Familie, der Kindererziehung spielt die »Baustelle Familie« eine große Rolle.

Lesen Sie nur die folgenden Beispiele. Danach wird es Ihnen leichter fallen, Ihre eigenen Baustellen zu identifizieren.

Melanie und Chris:

»Bevor wir geheiratet haben, waren wir schon zwölf Jahre zusammen, und das wirklich glücklich und zufrieden. Ein Trauschein war uns

nie wichtig. Als ich jedoch auf einer Hochzeit den Brautstrauß gefangen habe, war das Thema plötzlich auf dem Tisch. Nach langem Hin und Her haben wir uns schließlich ›getraut‹. Das war der Anfang vom Ende: Wir mutieren zu einem klassischen langweiligen Ehepaar. Wir reden kaum miteinander, schlafen höchstens einmal im Monat miteinander, und alles geht irgendwie seinen Gang. Melanie meckert an Dingen herum, die sie vorher nie gestört haben, und ich bin lieber allein als zu zweit unterwegs. Das kannte ich früher überhaupt nicht von mir. Wir haben schon einige Verbesserungsversuche unternommen, aber umsonst. Wieso haben wir uns so verändert?«

»Ganz einfach, weil mit Ihrem Beschluß zu heiraten, gleichzeitig auch all die Einträge Ihrer Liebesdrehbücher aktiviert wurden.«

Baustelle Ehe

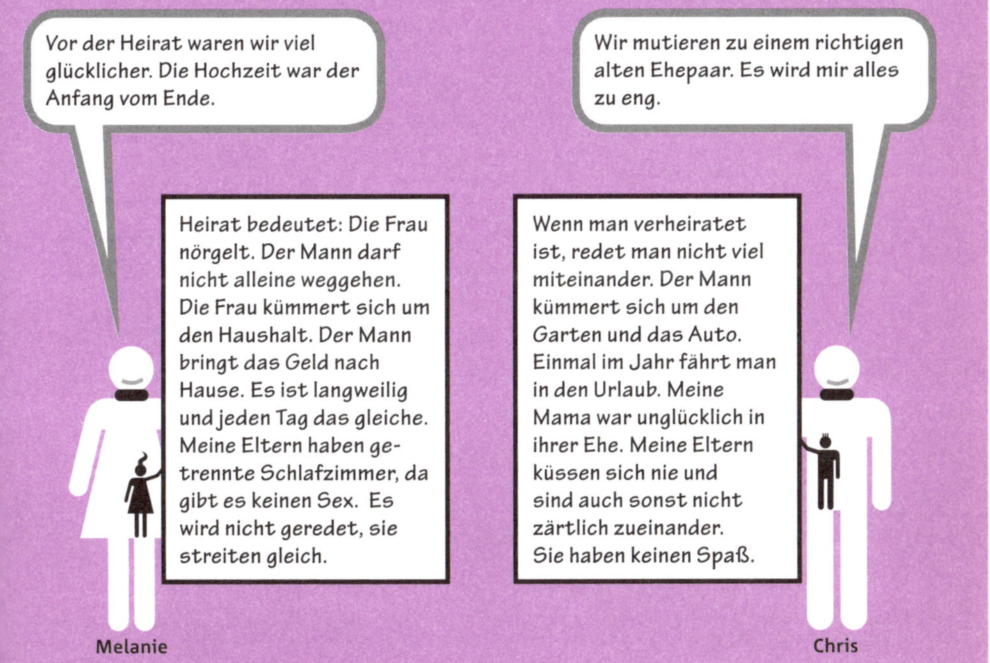

»Wie können wir das jetzt ändern?«

»Zunächst müssen Sie sich der Einträge in Ihren Drehbüchern bewußt werden. Nehmen Sie die Bereiche Familie, Haushalt, Geld, Job, Freizeit, Freiheit, Sexualität, Kinder, Mann und Frau einzeln unter die Lupe. Dann gilt es, Ihre Kellerkinder zu identifizieren, um sie anschließend mit neuen Informationen zu versorgen.«

Baustelle Ehe

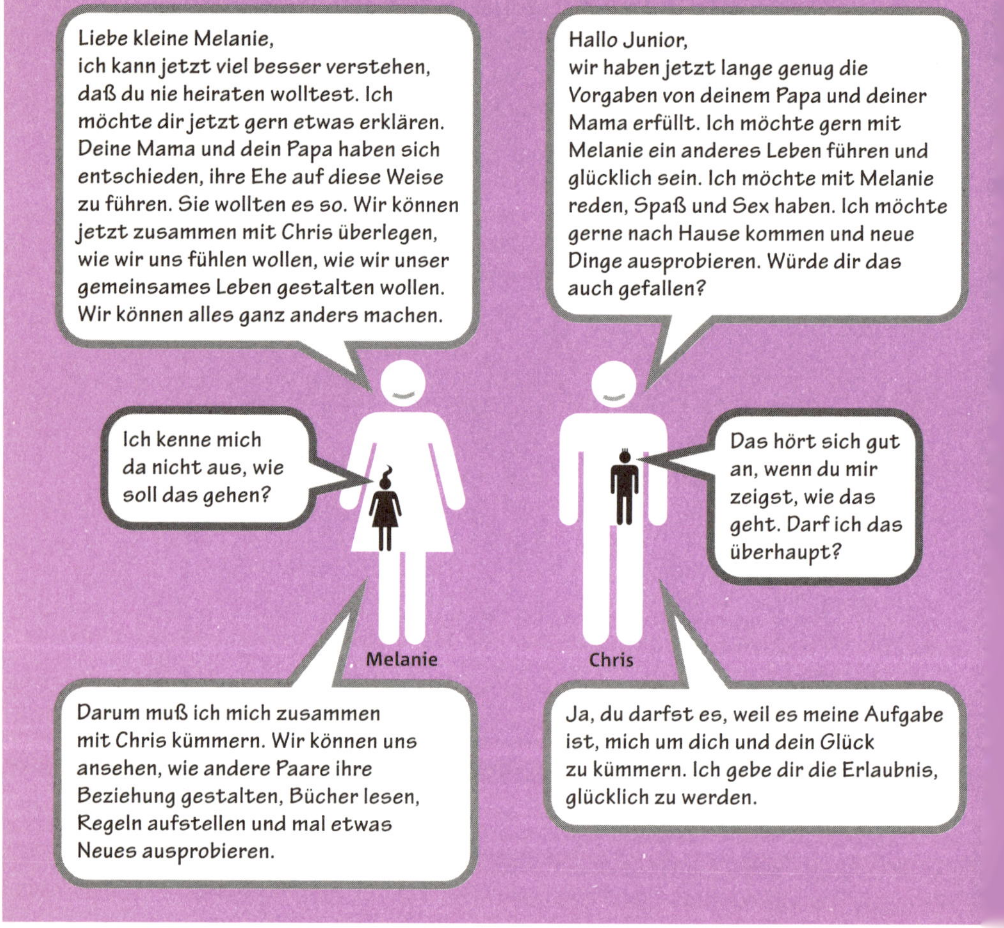

Udo und Michaela:

»Wenn wir beide unsere Beziehung Revue passieren lassen, stellen wir fest, daß unsere Probleme angefangen haben, als unser erstes Kind kam. Die Schwangerschaft war aufgrund einiger gesundheitlicher Probleme für Michaela recht anstrengend. Für mich allerdings auch, denn ich mußte mich in dieser Zeit um alles andere kümmern. Als dann die Kleine endlich zur Welt kam, waren wir beide natürlich überglücklich. Doch Michaela hat seitdem keine Lust mehr wegzugehen oder auch mal etwas mit unseren Freunden zu unternehmen. Von meinem Vorschlag, sich beizeiten einen Babysitter zu nehmen, hält sie nichts. Sie möchte die Kleine keinem Fremden anvertrauen. Deshalb gehe ich hin und wieder mal alleine weg, aber wenn ich heimkomme, plagt mich regelmäßig das schlechte Gewissen, die beiden allein gelassen zu haben.

Am Abend ist Michaela meistens von der täglichen Hausarbeit und der Kleinen total geschafft. Wir reden dann kaum mehr miteinander, obwohl wir früher Stunden um Stunden verquasselt und Spaß gehabt haben. Das ist nun leider alles vorbei. Es ist ja nicht so, daß wir dieses Problem nicht sehen, und wir bemühen uns auch, uns gegenseitig zu verstehen. Doch Michaela sagt, daß sie einfach erledigt ist und daß es sicherlich besser wird, wenn die Kleine aus dem Gröbsten raus ist. Aber wann wird das sein, und was sollen wir bis dahin tun? Wenn ich ehrlich bin, habe ich Angst, daß unsere Beziehung in der Zwischenzeit zerbricht.«

Baustelle Kind

Michaela hat in ihrem Drehbuch keine Information darüber, was es heißt, gleichzeitig Frau, Ehefrau und Mutter zu sein. Es enthält keine Einträge darüber, daß es durchaus möglich ist, sich als Frau etwas Gutes zu tun und gleichzeitig als Ehefrau anwesend zu sein. Ebenso mager sieht es in Udos Drehbuch aus. Er kennt nur den Satz: *Wenn die Kinder da sind, ist der Ehemann nicht mehr wichtig.* Diese Einträge sollten die beiden schleunigst ändern.

Anhand der folgenden Fragen können Sie nun einen Blick in Ihr Liebesdrehbuch werfen:

> Was haben Sie als Frau/Mann darüber gelernt, wie Sie sich Männern/Frauen gegenüber verhalten?
> Wie hat Ihre Mutter/Ihr Vater ihre/seine Bedürfnisse zum Ausdruck gebracht?
> Was hat Ihre Mutter/Ihr Vater getan, wenn sie/er schlechte Laune hatte?
> Hat Ihre Mutter ihre eigenen Bedürfnisse berücksichtigt? Ist sie allein in den Urlaub gefahren? Hat sie sich Verwöhntage mit Massagen, Kosmetikbehandlungen oder ähnlichem gegönnt?
> Wie ist Ihr Vater mit Streßsituationen und Belastungen umgegangen?
> Wie hat Ihre Mutter die Rolle als Mutter, Ehefrau, Frau und Familienmanagerin erlebt und welche Rollenbotschaften hat sie weitergegeben?
> Was haben Ihre Eltern alleine unternommen – ohne die Kinder?
> Welche Rollenverteilung gab es in Ihrer Herkunftsfamilie?
> Hatten Sie das Gefühl, daß Ihre Eltern mit ihrer Ehe zufrieden waren?
> Welche Botschaften haben Sie in bezug auf Ehe, Familie, Kinder erhalten (zum Beispiel »Schaff dir am besten keine Kinder an!«)?
> Wie haben sich Ihre Eltern gegenüber den Schwiegereltern verhalten?
> Was haben Sie für sich selbst beschlossen?
> War die Aufgabenverteilung in Ihrer Familie gerecht geregelt?
> Zählte die Arbeit des einen mehr als die des anderen?
> Haben sich Ihre Eltern getrennt?
> Wie sind Ihre Eltern in Krisenzeiten miteinander umgegangen?
> Was haben Ihre Eltern für ihre Liebe und Ehe getan?
> Welche Familienrituale gab es?
> Wie haben Ihre Eltern die Kindererziehung geregelt?

Und nun sollten Sie die unten aufgeführten Fragen auf einem neuen Blatt Papier beantworten. Oder Sie legen gleich ein ganzes Heft an, dann haben Sie am Ende dieses Buches Ihr fertiges Drehbuch in der Hand.

Mein Liebesdrehbuch:

1. Wie sehen die Einträge in Ihrem Liebesdrehbuch zu den Themen Rolle des Mannes, der Frau, Familie, Ehe, Kinder aus?
2. Welche Vorwürfe machen Sie Ihrem Partner in bezug auf diese Themen?
3. Welche Gefühle stehen hinter den Vorwürfen? Um welchen Schmerz Ihres Kellerkindes handelt es sich?
4. Was braucht Ihr Kellerkind?
5. Welche Informationen hätten Sie als Kind zu diesem Thema gerne bekommen?
6. Welche Verhaltensweisen haben Sie von Ihren Eltern übernommen? Was machen Sie anders?
7. Was wünschen Sie sich von Ihrem Partner?

Feiertage und andere Katastrophen

Ein Dauerbrenner unter den Streitthemen sind die Schenkdramen zu Geburtstagen, Hochzeitstagen oder Weihnachten. Oh weh, wenn all die Hinweise, die Sie Ihrem Partner im vergangenen Jahr so liebevoll gegeben haben, doch nicht auf fruchtbaren Boden gefallen sind, und es anstelle der schönen Unterwäsche doch wieder etwas Praktisches gegeben hat. Dann hängt der Haussegen schnell mal schief. Umgekehrt kann er die netten Seidenkrawatten wahrscheinlich schon lange nicht mehr leiden und Socken hat er mittlerweile auch genug. Ihr Liebster hat sich bisher nur nicht getraut, etwas zu sagen. Wußten Sie, daß die Selbstmordrate zu Weihnachten und Silvester am höchsten ist? Dabei ist Weihnachten doch das Fest der Liebe und der Familie. So könnte – so sollte es sein. Doch wieso sind dann ab zehn Uhr abends alle Kneipen und Discotheken voll? Ist das Mobiliar denn daheim so ungemütlich? Ich habe diese Frage vielen Menschen gestellt, und interessanterweise antworteten 90 Prozent der Befragten, daß es bei ihnen gerade an Weihnachten häufig zum Krach kommt. Solche Katastrophen haben, wie könnte es anders sein, ihren Ursprung im Drehbuch der Betroffenen, wie auch das Beispiel von Iris und Stefan zeigt.

Stefan: *»Wir haben unsere Baustelle ›Alle Jahre wieder‹ genannt. Sei es an Weihnachten, Ostern oder Geburtstagen – an diesen Tagen findet bei uns der jährliche Krieg statt. Ein Freundin hat einmal zu mir gesagt: ›Im Prinzip es das doch klasse, wenn du es im vorhinein schon weißt. Dann kannst du dich darauf einstellen.‹ Ich hasse diese Festtage und Feierlichkeiten, aber Iris liebt das ganze Tamtam – Dekorieren, Weihnachtsmarkt, Osterbrunch und riesige Feten. Sie möchte, daß ich mich genauso freue wie sie, aber ich kann alldem nichts abgewinnen. An diesen Tagen reichen Kleinigkeiten, und die Bombe platzt. Und am Ende sieht es meist so aus, daß Iris weint und ich mich schlecht fühle.«*

»Was haben Sie beide an Informationen in Ihren Drehbüchern gefunden?«

Stefan: *»Ich wiederhole genau das gleiche Familiendrama, das ich früher erlebt habe. Zu Weihnachten gab es bei meinen Eltern immer Streit. An Geburtstagen war meine Mutter stets sauer, weil mein Vater ihr nie das geschenkt hat, was sie wollte, oder weil er ihren Geburtstag sogar vergessen hat. Mein Geburtstag ist auch nie richtig gefeiert worden. Ich denke, mein Untermieter, der kleine Stefan, hat beschlossen, daß er mit alldem nichts mehr zu tun haben will. Wenn ich es mir genau überlege, dann hat er sogar richtig Angst vor diesen Tagen, weil er schon in der Erwartung lebt, daß es wieder Streit gibt und er sich am Ende schlecht fühlen wird.«*

»Dann steht also im Drehbuch des kleinen Stefan: Freu dich nicht! Weihnachten und Geburtstage machen nur Streß, Streit und Angst.«

Iris: *»Bei uns war anfangs alles superharmonisch und schön. Meine Mutter hat sich immer viel Mühe mit der Dekoration und den Geschenken gegeben. Ich habe es geliebt. Doch am Ende gab es auch immer*

Streit. Meistens dann, wenn mein Vater viel zuviel getrunken hatte. Ich habe darunter gelitten, und mir ist eingefallen, daß ich nach solchen Feierlichkeiten oft weinend in meinem Bett lag.«

»Ich denke, es ist höchste Zeit für den kleinen Stefan und die kleine Iris, Feste zu veranstalten, so daß sie neue Einträge für ihre Drehbücher bekommen. Bevor Sie allerdings anfangen zu planen, sollten Sie Ihren Kellerkindern für die Trauer und Angst, die noch in ihnen schlummert, Verständnis und Aufmerksamkeit entgegenbringen. Jedes Kind liebt Weihnachten und Geburtstage – solange, bis es schlechte Erfahrungen macht.«

Gefällt es Ihnen, wie Sie Ihre Feiertage zelebrieren? Falls das nicht der Fall sein sollte, rate ich Ihnen, einen Blick in Ihr Liebesdrehbuch zu werfen.

> Wie wurden in Ihrer Familie Feiertage zelebriert?
> Wer hat die Organisation übernommen?
> Wie wurden Ihre Geburtstage gefeiert?
> Auf welche Art und Weise haben Ihre Eltern ihre eigenen Geburtstage gestaltet?
> Wie wurden die Hochzeitstage Ihrer Eltern zelebriert?
> In welcher Form wurden Geschenke gemacht?
> Haben Sie in Ihrer Kindheit die Dinge bekommen, die Sie sich gewünscht haben?
> Welchen Stellenwert hatten Feierlichkeiten überhaupt in Ihrer Familie?
> Wurden in Ihrer Familie noch andere Feste gefeiert?

Beantworten Sie nun auch folgende Fragen für Ihr Liebesdrehbuch:

Mein Liebesdrehbuch:

1. Wie sehen die Einträge in Ihrem Liebesdrehbuch zum Thema Feste, Feierlichkeiten aus?
2. Welche Vorwürfe machen Sie Ihrem Partner in bezug auf dieses Thema?
3. Welche Gefühle stehen hinter den Vorwürfen? Um welchen Schmerz Ihres Kellerkindes handelt es sich?
4. Was braucht Ihr Kellerkind?
5. Welche Informationen hätten Sie als Kind zu diesem Thema gerne bekommen?
6. Welche Verhaltensweisen haben Sie von Ihren Eltern übernommen? Was machen Sie anders?
7. Was wünschen Sie sich von Ihrem Partner?

Da wir gerade beim Thema Feiern sind: Sie haben sich bis jetzt so tapfer durch den Beziehungsdschungel gekämpft, daß Sie sich wirklich eine Pause verdient haben. Veranstalten Sie deshalb heute ein Fest! Sie brauchen dafür keinen offiziellen Anlaß – Sie ganz allein bestimmen, wann es Zeit zum Feiern ist. Und heute ist ein solcher Feiertag!

Geld oder Liebe?

Wußten Sie eigentlich, daß Probleme und Streitigkeiten rund ums Geld als Scheidungsgrund Nummer drei gelten.

Das »liebe Geld« wird zu gern als Projektionsfläche für Mängel und Machtspielchen in Beziehungen benutzt. Nicht nur vor dem Scheidungsrichter wird offenbar: Wenn schon keine Liebe mehr vorhanden ist, dann soll wenigstens ein bißchen Geld dabei herausspringen. Ich kann mich noch gut an das Verhalten einer Klientin erinnern. Immer wenn sie sich über ihren Mann geärgert hatte, weil er sie ihrer Meinung nach verletzt hatte, nahm sie Geld aus seiner Brieftasche. Sie meinte, das sei völlig in Ordnung – eine Art Schmerzensgeld. Nur leider ließen sich ihre Schmerzen dadurch nicht wirklich heilen.

Was ist Geld eigentlich? Doch nichts anderes als geprägte Münzen und bunte Papierscheine, die uns als vereinfachtes Zahlungsmittel dienen sollen. Doch von dienen kann keine Rede mehr sein. Ein Großteil der Menschheit ist statt dessen Sklave des Geldes geworden.

Sollten auch Sie in Ihrer Beziehung Probleme wegen des Geldes haben, kann ich Ihnen schon vorab verraten: Das Geld ist nicht daran schuld, daß Sie diese Probleme haben.

Sehen wir uns einmal den Fall von Walter und Angelika an.

»Wir streiten uns immer wieder übers Geld, obwohl ich mir vorgenommen hatte, daß es so etwas in meiner Beziehung niemals geben wird. Richtig schlimm wurde es, als Walter mir vor sieben Monaten einen Heiratsantrag machte. Seitdem habe ich Panik. Meine Mutter war finanziell abhängig von meinem Vater, und sie haben sich jeden Tag wegen des Geldes in die Haare gekriegt. Und da Walter und ich bereits im Vorfeld immer wieder Streit darüber hatten, weiß ich nicht, ob ich ihn heiraten kann, wenn wir dieses Thema nicht in den Griff bekommen. Ich will jedenfalls nicht finanziell von einem Mann abhängig sein.«

Walter: *»Ich sehe das nicht so schwarz wie Angelika. Meine einzige Sorge ist das gemeinsame Konto. Ich weiß nicht, ob ich ihr vertrauen kann. Sie gibt soviel Geld für unwichtige Dinge aus. Braucht man denn den 30. rosafarbenen Lippenstift? Oder die Telefonrechnung: jeden Monat Unsummen dafür, daß sie Stunden mit der Freundin quatscht, die sie ohnehin drei Stunden später trifft. Aber da habe ich schnell Abhilfe geschaffen: Ich habe ihr einen eigenen Telefonanschluß legen lassen, und die Rechnung zahlt sie selbst. Ich möchte gern ein Haus bauen, das Geld sinnvoll für die Zukunft anlegen, aber das versteht sie überhaupt nicht. Sie will jetzt leben, Urlaub machen, Essen gehen, sich verwöhnen lassen. Dafür ist ihr kein Cent zu schade. Wenn ich jedoch* *mal anmerke, daß wir einen neuen Fernseher oder irgendein Möbelstück gebrauchen könnten, hält sie mir vor, das sei eine unsägliche Geldverschwendung. Ich verdiene mehr als Angelika, und für sie ist es selbstverständlich, daß ich sie zum Essen einlade, mehr Miete bezahle und so weiter. Ich weiß nicht, wie wir das regeln sollen, wenn wir erst einmal verheiratet sind, und ob ich ihre Anspruchshaltung erfüllen kann.«*

»Lassen Sie uns einen Blick in Ihre Drehbücher werfen.«

Baustelle Geld

»Jetzt wird klar, warum die kleine Angelika solche Angst hat. Sie möchte kein so trauriges Leben wie ihre Mutter führen. Die kleine Angelika unterliegt hier aber dem großen Irrtum, das Geld sei für das Unglücklichsein der Mutter und für den Streit der Eltern verantwortlich. Außerdem wünscht sich die kleine Angelika immer noch einen Vater, der ihr das Gefühl gibt, daß er für die Familie sorgt. Was Sie dagegen angeht, Walter, Ihr Kellerkind hat sich an die Vorgaben der Eltern gehalten und ihr Wertesystem übernommen. Sie haben zudem die Rolle des Papas in Angelikas Drehbuch übernommen.«

Im folgenden gehen wir den finanziellen Problemen von Sven und Anja auf den Grund.

»Wir hatten eine Abmachung: Solange Sven studierte, bezahlte ich unsere gesamten Kosten, da ich schon seit einigen Jahren ganz gut verdiene. Jetzt ist er seit einem Jahr mit dem Studium fertig und macht keine Anstalten, sich einen Job zu suchen. Er sagt, er sei ausgepowert und müsse sich erstmal von dem anstrengenden Jurastudium erholen. Am Anfang hatte ich dagegen nichts einzuwenden, aber seit geraumer Zeit fühle ich mich ausgenutzt. Ich habe keine Lust mehr, alles zu bezahlen. Aber solange er keinen Job hat, wird sich wohl nichts ändern.«

»Anja, woher kennen Sie das Gefühl?«

»Bei uns zu Hause war Geld mehr als knapp. Ich hatte ab meinem zwölften Lebensjahr immer Jobs, um auch meinen Geschwistern finanziell unter die Arme zu greifen. Aber von denen ist keiner auf die Idee gekommen, sich ebenfalls einen Aushilfsjob zu suchen. Sven verhält sich nicht anders. Seine Mutter hat immer alles für ihn bezahlt. Sie hat ihm stets Geld gegeben, wenn er mal wieder über seine Taschengeldverhältnisse gelebt hatte. Ich habe wirklich keine Lust mehr, noch länger die Mama für Sven zu spielen. Denn selbst wenn er in seinem Beruf gerade nichts finden sollte, könnte er zumindest jobben gehen. Ich fühle mich jetzt jedenfalls nicht länger für ihn verantwortlich.«

»Mit dieser Erkenntnis liegen Sie völlig richtig. Darüber hinaus sollten Sie der kleinen Anja noch eine weitere Last von den Schultern nehmen. Sagen Sie ihr, daß Kinder sich nicht um die Familie kümmern müssen. Die Kleine hat zu früh eine viel zu große Verantwortung übernommen.«

Wie bei all den anderen Problemen reden die Kellerkinder also auch ein Wörtchen mit, wenn es ums Geld geht. Wie sieht es bei Ihnen aus?

Ein Blick in Ihr Liebes-Geld-Drehbuch sorgt schnell für Klarheit:

- Wer verdiente in Ihrer Familie das Geld?
- Wer hat es verwaltet?
- Wofür wurde Geld ausgegeben und wofür nicht?
- Haben Sie Taschengeld bekommen, das voll und ganz zu Ihrer Verfügung stand?
- Gab es in Ihrer Familie Streit ums Geld?
- Gab es für bestimmte Leistungen eine finanzielle Belohnung?
- Wurden Versöhnungen nach einem Streit mit Geld abgegolten?
- War ein Elternteil finanziell vom anderen abhängig?
- Litt Ihre Familie unter Geldmangel?
- Wurde mehr Geld für materielle als für immaterielle Dinge ausgegeben?
- Welche Ängste / welchen Glauben haben Sie in bezug auf Geld?

Mein Liebesdrehbuch:

1. Was steht in meinem Drehbuch in bezug auf Geld und Werte?
2. Was würde ich meinem Partner diesbezüglich gerne vorwerfen?
3. Welche Gefühle und Verletzungen stehen hinter meinen Vorwürfen?
4. Mein Kellerkind braucht:

   ----

5. Welche Informationen hätte ich als Kind zu diesem Thema gerne bekommen?
6. Welche Verhaltensweisen habe ich von meinen Eltern übernommen, und was mache ich anders?
7. Ich wünsche mir von meinem Partner:

Der Job

Kommen wir nun zur nächsten Baustelle, die ebenfalls in vielen Partnerschaften zu Problemen führt: der liebe Job.

Das nächste Beispiel zeigt, daß auch hier die Kellerkinder wieder aktiv sind.

Stefanie und Thomas:

»Wir dachten, unser Beziehungskiller Nummer eins sei der Job von Thomas. Oft sitzen wir samstags entspannt beim Frühstück, da klingelt plötzlich das Telefon. Sein Chef ist dran. Thomas soll sofort in die Firma kommen. Sogar aus dem Urlaub hat man ihn schon zurückgepfiffen. Ich habe einen großen Haß auf seinen Chef entwickelt, aber je mehr ich mich über ihn aufrege, um so mehr zieht Thomas sich zurück. Er sieht die Dinge nämlich ganz anders. Er meint, daß es heute nicht so einfach sei, eine Stelle, wie er sie hat, zu bekommen. Und er fürchtet, daß sein Chef ihn feuert, wenn er nicht ständig auf Abruf für die Firma da ist. Mich macht das vollkommen rasend. Thomas als ›Leibeigenen‹ seines Chefs zu sehen, kein freies Wochenende für uns zu haben und nicht einmal im Urlaub in Ruhe gelassen zu werden. Aber das ist ja noch nicht alles. Wenn Thomas mal zu Hause ist, muß ich einen müden und völlig ausgelaugten Freund ertragen.«

»Solange der kleine Thomas Angst hat, wird er keine Grenzen setzen können. Und die kleine Stefanie wartet dringend auf jemanden, der sich ihrer Traurigkeit und Enttäuschung annimmt.«

Baustelle Job

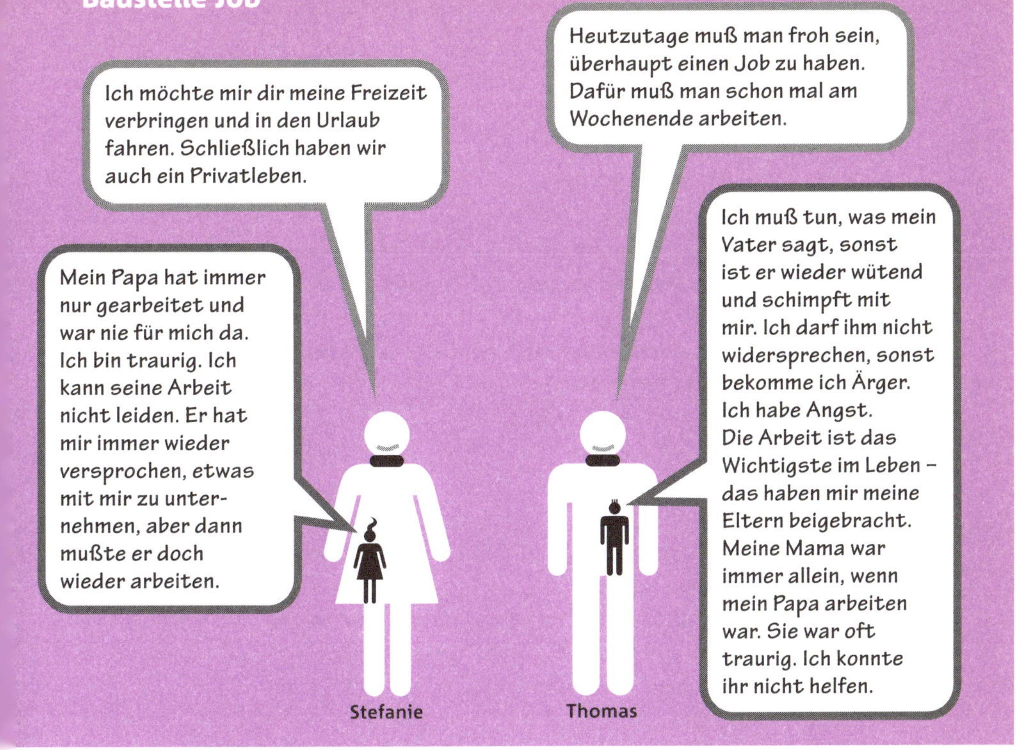

Gibt es auch in Ihrer Partnerschaft die Baustelle Job? Wenn das der Fall ist, sollten Sie sich schleunigst an die Arbeit machen und Ihr Drehbuch unter die Lupe nehmen.

- Was haben Sie von Ihren Eltern über das Berufsleben gelernt?
- Wie haben Ihre Eltern Familie und Beruf unter einen Hut gebracht?
- Gab es bezüglich der Arbeit eine klare Rollenverteilung?
- Wie sind Ihre Eltern mit Berufsträumen und -wünschen umgegangen?
- War der Job nur zum Geldverdienen da?
- War ein Elternteil mit dem Job »verheiratet«?

- Wie haben sich Ihre Eltern nach der Arbeit entspannt?
- Welchen Stellenwert hatte der Beruf für Ihre Eltern?
- Haben Sie Mangel an Zeit und Aufmerksamkeit erlitten, weil Ihre Eltern beruflich sehr eingespannt waren?

Mein Liebesdrehbuch:

1. Wie sehen meine Einträge zum Thema Arbeit und Beruf aus?
2. Welche Vorwürfe möchte ich meinem Partner diesbezüglich gern machen?
3. Welche Gefühle und Verletzungen stehen hinter meinen Vorwürfen?
4. Mein Kellerkind braucht:

   ----

5. Welche Informationen hätte ich als Kind zu diesem Thema gerne bekommen?
6. Welche Verhaltensweisen habe ich von meinen Eltern übernommen? Was mache ich anders?
7. Ich wünsche mir von meinem Partner:

Die drei »F«: Freiheit – Freizeit – Freunde

Wieviel von den drei Fs braucht der Mensch? Welches Maß tut einer Beziehung gut, was ist zuviel? Sollte man alles – wie siamesische Zwillinge – gemeinsam machen? Eines kann ich Ihnen schon vorab verraten:

Ihre Partnerschaft braucht Freiräume, sonst erliegen Sie irgendwann dem Erstickungstod. Wie hoch die Dosis allerdings sein sollte, das liegt allein an Ihnen und Ihrem Partner.

Wichtig ist nur, daß Sie gemeinsame Zeiten für Ihre eigenen Interessen einplanen. Das gleiche gilt für den Freundeskreis. Pflegen Sie gemeinsame Freunde, aber vernachlässigen Sie deshalb nicht Ihre eigenen. Wenn Sie Ihren Partner lieben, dann wollen Sie doch, daß es ihm gutgeht. Frauen sollten es daher akzeptieren, wenn ihr Partner mal in die Wüste ausbüchst oder in seine Stammkneipe möchte. Und Männer sollten sich großmütig zeigen, wenn ihre Allerliebste zum Shoppen nach Paris jetten, zur Runderneuerung die neue Wellnessfarm testen oder das beliebte Frauen-Dauerquatsch-Wochenende einlegen will. Sagen Sie in all diesen Fällen einfach zu Ihrem Schatz: »Weil ich dich liebe, möchte ich, daß es dir gutgeht. Darum tue, was du gern möchtest.«

Hier das Beispiel von Gerd und Melinda:

»Wir führen im Prinzip eine schöne Beziehung und fühlen uns beide sehr wohl. Doch in dem Moment, wo irgendein Freund von Gerd anruft, werden sofort all unsere Pläne zurückgestellt. Da kommt es schon mal vor, daß Gerd kurzfristig umsattelt und mit einem Freund Badminton spielen geht, obwohl wir uns vorgenommen hatten, gemeinsam in die Berge zu fahren. Mich macht das natürlich rasend. Auch wenn Freunde bei uns zu Besuch sind, kümmert er sich überhaupt nicht mehr um mich. Interessanterweise verhält er sich bei meinen Freunden genauso. Er reißt sich für sie ein Bein aus, schlägt sich mit Diskussionen die Nächte um die Ohren. Wenn ich ihn dann bitte, ins Bett zu kommen, meint er nur, ich sei nicht freundlich zu unseren Gästen. Dabei spüre ich genau, daß ihm alles zuviel ist, er sich aber nicht traut, nein zu sagen. Als wir das letzte Mal Besuch hatten, ist mir dann irgendwann der Kragen geplatzt. Ich habe unsere Freunde kurzerhand gebeten abzureisen, zumal es unsere letzten gemeinsamen Urlaubstage waren und er ständig ihren Chauffeur spielte. Wir haben deswegen zwei Wochen lang fürchterlich gestritten. Er versteht einfach nicht, daß unsere Beziehung an erster Stelle kommen muß.«

Gerd: *»Meine Familie hatte ein offenes Haus. Es gab immer sehr viel Besuch. Es galt das ungeschriebene Gesetz ›Der Gast ist König‹. Und so sehe ich das auch nach wie vor. Mir macht es außerdem Spaß, an-*

deren eine Freude zu machen und ihnen Zeit zu schenken. Ich finde, daß Melinda keine sonderlich gute Gastgeberin ist, und das ärgert mich insgeheim.«

»Haben Sie sich schon Ihre Vorwürfe bewußt gemacht, Melinda?«

Melinda: *»Die mag ich gar nicht mehr laut aussprechen. Ich bin überführt. Die kleine Melinda will Nummer eins sein, keine Frage. Ich kenne die Situation zu gut. Immer war irgend etwas anderes wichtiger als ich, und diese Drehbuchseiten spiele ich immer wieder durch. Gerd, ich hoffe, du hast nicht die gleiche Gage wie Brad Pitt!«*

Gerd: *»Ich verhalte mich nach dem gleichen Muster wie früher. Der kleine Gerd war so ein braves Kind, hat Gedichte aufgesagt, die Gäste bewirtet und war Mamas ganzer Stolz. Es wäre undenkbar gewesen, mit meinen Freunden loszuziehen, wenn irgendwelche Familienaktivitäten anstanden. Das allerdings habe ich in der Beziehung mit Melinda kräftig nachgeholt. Ich habe es ›Mama-Melinda‹ so richtig gezeigt. Melinda, es tut mir leid.«*

Wie sieht es bei Ihnen aus? Haben Sie in Ihrer Partnerschaft Probleme, Ihre wertvolle Freizeit gemeinsam zu gestalten?

Die folgenden Fragen helfen Ihnen sicherlich weiter:

> Wie haben Ihre Eltern die gemeinsame Freizeit geregelt?
> Was haben Ihre Eltern mit Ihnen in der Freizeit gemacht?
> Gab es gemeinsame Urlaube? Wie verlief diese Zeit?
> Gab es Freiräume für jeden Ehepartner?
> Wieviel Freiraum haben Ihre Eltern Ihnen gelassen?
> Hatten beide Eltern einen eigenen Freundeskreis, oder gab es nur einen gemeinsamen?
> Gab es überhaupt Freundschaften?
> Wie haben Ihre Eltern auf Ihre Freunde reagiert?
> Wie wurde Ihre Freizeit geregelt?
> Haben Sie sich frei oder kontrolliert gefühlt?
> Ist Ihr Vater / Ihre Mutter einem Hobby nachgegangen?
> Welche Rollen haben Ihre Eltern Ihnen vorgelebt? Spielten Sie zum Beispiel »siamesische Zwillinge«?

- Haben sich Ihre Eltern gegenseitig unterstützt, wenn es um die Wahrung der eigenen Interessen ging (»Ich bleibe heute gern zu Hause und passe auf die Kinder auf!«)

Mein Liebesdrehbuch:

1. Wie sehen meine Einträge zum Thema Freizeit – Freiheit – Freundeskreis aus?
2. Welche Vorwürfe möchte ich meinem Partner diesbezüglich gern machen?
3. Welche Gefühle und Verletzungen stehen hinter meinen Vorwürfen?
4. Mein Kellerkind braucht:

   ----

5. Welche Informationen hätte ich als Kind zu diesem Thema gerne bekommen?
6. Welche Verhaltensweisen habe ich von meinen Eltern übernommen? Was mache ich anders?
7. Ich wünsche mir von meinem Partner:

Wanderbaustellen

Wanderbaustellen sind Baustellen, die Sie auf Ihrem Beziehungs-Highway hin und her bewegen, so daß sich die Schauplätze der Konflikte von Mal zu Mal ändern: Gestern stritten Sie sich noch wegen des Haushalts und der Schwiegermutter, heute geht es ums Geld und die Kinder, morgen kann der Job oder der Sex Auslöser für Ihre Konflikte sein. Worum es auch immer gehen mag, stets inszenieren Ihre Kellerkinder diese Dramen. Und darüber hinaus spielt natürlich auch Ihr mangelndes Beziehungs-Know-how eine Rolle.

Ich möchte Sie daher noch einmal daran erinnern, daß es wichtig ist, die auftauchenden Probleme Ihrer Beziehung dort zu lösen, wo sie tatsächlich entstanden sind, da Ihre Beziehung sonst zwangsläufig im Konkurs enden wird.

Lassen Sie es nicht soweit kommen!

Das Beispiel von Amelie und Johann zeigt, wie Wanderbaustellen »funktionieren«.

Amelie: *»Unsere Wanderbaustelle bezieht praktisch unser ganzes gemeinsames Leben mit ein. Johann ist Perfektionist. Für seinen Beruf als Pilot ist das mit Sicherheit sehr hilfreich, aber in unserer Ehe wird es zum Problem. Er kritisiert mich ständig, was mich sehr verunsichert. Sobald er zu Hause ist, mache ich Fehler, die mir sonst nie passieren. Ich habe dann sofort das Gefühl, versagt zu haben, und komme mir richtig dumm vor. Meistens fange ich auch an zu weinen, weil er überhaupt kein Verständnis für mich hat. Johann reagiert darauf aggressiv, so daß wir überhaupt nicht mehr miteinander reden, geschweige denn Zärtlichkeiten austauschen oder Sex haben. Ich werde das Gefühl nicht los, daß er nicht mehr mit mir zusammensein will. Seine Dienste tauscht er oft so, daß er die wenigste Zeit zu Hause ist. Ich selbst kann mich nicht mehr aufraffen, irgend etwas für die Beziehung zu tun.*

Johann: *»Ich möchte jetzt mal etwas zu meiner Verteidigung sagen. Amelie bringt mich mit ihren Reaktionen an den Rand des Wahnsinns. Ich habe eine große Wut auf sie. Allerdings weiß ich gar nicht warum, denn es ist ja nichts Schlimmes passiert. In einem Punkt muß ich ihr recht geben: Ich habe mehr Verständnis für meine Kopiloten und andere Menschen als für sie.«*

»Welche Vorwürfe haben Sie in Ihren Drehbüchern gefunden?«

Wanderbaustelle

»Willkommen im Club. Der kleine Johann haßt seine Mama, und die kleine Helga haßt ihren Papa. Aber jeder hat Angst, es offen zu zeigen, weil man als Kind ja weiß, daß man seine Eltern nicht hassen darf. Dieser Haß, den Sie beide nun schon so lange mit sich herumtragen, verschließt Ihre Herzen und blockiert natürlich Ihre Liebe zueinander. Beide Kellerkinder brauchen von Ihnen dringend die Erlaubnis, ihren Papa oder ihre Mama hassen zu dürfen.«

Nun haben wir gemeinsam bereits einigen Baustellenschutt abgetragen und hinter uns gelassen. Ich möchte Sie beglückwünschen, daß Sie bis jetzt durchgehalten haben. Aber wir sind noch nicht am Ende. Ihnen fehlen noch entscheidende Informationen Ihres Liebesdrehbuches. In den folgenden Kapiteln wollen wir uns die Großbaustelle Sex und das Problem der Kommunikation genauer ansehen.

Großbaustelle Sex

Die vergangenen Jahrzehnte haben zwar beachtlich zur sexuellen Freiheit beigetragen, aber für noch viel mehr Verwirrung und Unsicherheit gesorgt: Sexuelle Probleme werden als zweithäufigster Scheidungsgrund genannt. Dabei sollten wir doch mit unserer Sexualität Spaß, Lust, Freude, Nähe, Hingabe, Entspannung und Liebe in unser Leben bringen, und uns dadurch nicht voneinander entfernen oder sogar trennen.

Die Intimität zu einem anderen Menschen beinhaltet also nicht nur wunderschöne Gefühle. Unwissenheit und Ängste, zu versagen und zurückgewiesen zu werden, werden offenbar. Scham- und Schuldgefühle, Aggressionen, Lustlosigkeit, Eifersucht sowie eine Unzufriedenheit mit dem eigenen Körper sind häufig spürbar.

Zusätzlich üben die Medien einen ungeheuren Druck auf uns aus und das aus gutem Grund. Schließlich winkt täglich ein millionenschwerer Profit. Oder glauben Sie allen Ernstes, irgendwem ginge es darum, daß Sie sich wohler, besser und schöner fühlen? Ich habe dieses Thema in meinem Buch »Warum Frauen besser aussehen als sie glauben« ausführlich behandelt: Die meisten Frauen wollen heutzutage schlank und vollbusig sein, weil sie tatsächlich glauben, dieses Schönheitsideal gefalle den Männern am besten. Ich kann dazu nur eines sagen: Es wird allerhöchste Zeit, daß Frauen endlich wieder zu einem natürlichen und gesunden Selbstbewußtsein zurückkehren!

Den Männern ergeht es nicht anders. Sie müssen genauso hören, wie oft ein Mann können muß, wie groß ein Penis zu sein hat, der eine Frau wirklich glücklich macht. Darüber hinaus werden sie von Medienbildern beeinflußt, wie die Frau auszusehen hat, die sie »schmücken« soll.

In meinen Gesprächen mit Klienten erlebe ich immer wieder, wie wenig Aufklärung tatsächlich stattgefunden hat. Es ist erschreckend, daß weder Frauen noch Männer über den eigenen Körper, geschweige denn über den des anderen Geschlechts ausreichend informiert sind. Immer noch herrschen zahlreiche Unklarheiten, was die Sexualität anbelangt, und für viele Menschen ist sie nicht das, was sie eigentlich sein sollte: ein freudiges Feiern der Lust, leidenschaftliche Hingabe, das Verschmelzen zweier Menschen, die sich lieben – ohne Scham, Schuldgefühle, Unsicherheit und Angst.

Sie können mir glauben, liebe Leser, ich bin auch nicht mit sexuellem Selbstbewußtsein auf die Welt gekommen. Das habe ich mir im Laufe der Jahre erst aneignen müssen. Ich konnte meinen Partner zwar bitten, mich am Rücken zu kratzen, aber wenn ich wollte, daß er meine Vagina streichelte, blieb mir das Wort im Halse stekken. Doch eines kann ich Ihnen garantieren: Was ich geschafft habe, das können Sie auch!

Bis heute habe ich noch kein Paar getroffen, das Beziehungsprobleme hatte, die ausschließlich im sexuellen Bereich lagen. **Das sexuelle Problem ist häufig ein Symptom (so wie die Ölkontrollleuchte, erinnern Sie sich?, siehe Seite 23), und nicht die Ursache der Schieflage in der Partnerschaft.** Übrigens ist es ein Trugschluß, wenn man glaubt, eine Beziehung lasse sich durch Sexualität kitten. Natürlich leidet die Beziehung, wenn es im Bett Probleme gibt, aber diese zeigen auch, daß mit der Beziehung etwas nicht stimmt.

Zu einer intakten Partnerschaft gehört eine befriedigende Sexualität. Sie trägt zu unserem Wohlbefinden, zu unserer Gesundheit und zu unserem Glücksempfinden bei. Berührungen regen die Ausschüttung des wichtigen Hormons Oxitocin an, das beim Streßabbau hilft. Bei Frauen ruft ein Mangel an körperlicher Nähe depressive Stimmungen hervor, bei Männern hingegen führt der Berührungsmangel zu einer verminderten Lust auf Sex. Dabei spielt es auch für unser Gehirn eine bedeutende Rolle, Sex zu haben. Denn dadurch wird im Körper unter anderem Testosteron produziert, das wiederum die Denkleistung steigert und als Antidepressivum wirkt.

Bevor ich mich in einem biologischen Exkurs verliere, halten wir nun grundsätzlich folgendes fest:

> Die Sexualität ist etwas völlig Natürliches.
> Sex unterstützt unsere Gesundheit, das allgemeine Wohlbefinden und somit unsere Langlebigkeit.
> Sex tut körperlich, geistig und seelisch gut!
> Die Sexualität ist der Bereich Ihrer Beziehung, in dem Sie am verletzlichsten sind. Das gilt für Mann und Frau gleichermaßen.
> Zunächst muß man sich der eigenen Sexualität bewußt werden.
> Eine gemeinsame Sexualität ist nicht einfach »da«, sie muß geschaffen werden.
> Eine befriedigende Sexualität fällt nicht vom Himmel. Probieren geht über Studieren!
> Der Blick in Ihr Liebes-Lust-Drehbuch wird Ihnen helfen, Ihre Probleme zu beseitigen.
> Je mehr Sex Sie haben, umso offener werden Sie für weiteren sein.

Sex sollte keine Pflichtübung sein, sondern ein Bereich Ihrer Beziehung, in dem Sie **beide** Befriedigung finden. Dazu ist es erforderlich, sich zunächst der eigenen Sexualität zu widmen, um dann eine gemeinsame aufzubauen.

Ich kann Ihnen in diesem Buch Wege aufzeigen, wie Sie zu einer erfüllenden Sexualität in Ihrer Partnerschaft gelangen, indem ich Ihnen helfe, Ihr Kellerkind zu heilen. Seine Bedürfnisse beeinflussen nämlich Ihr Liebesleben, ohne daß es Ihnen bewußt ist. Wie jedoch eine befriedigende Sexualität konkret für Sie aussieht, kann ich Ihnen nicht sagen. Das können Sie nur für sich und mit Ihrem Partner herausfinden, denn genauso einzigartig wie Sie sind, ist auch Ihre Sexualität.

Das eigene Fahrzeug – die eigene Sexualität

Halten Sie es für selbstverständlich, daß Ihr Partner sich um die Wartung und Pflege Ihres Autos kümmert und daß er jede kleine Macke Ihres Fahrzeugs kennt? Ist er darüber im Bilde, ob Ihr Wagen erst vorglühen muß, bevor er startet, und wie Kupplung und Bremse reagieren? Oder anders gefragt, erwarten Sie von Ihrem Partner / Ihrer Partnerin, daß er/sie genau weiß, wie Sie es beim Sex am liebsten mögen?

Jeder von uns hat seine eigene Sexualität und ist für diese erst einmal selbst verantwortlich!

Natürlich ersetzt das Wissen um die eigene Sexualität nicht den Sex mit dem Partner. Doch für ein gutes Zusammenspiel ist es nötig, daß sich jeder zuvor der eigenen Sexualität stellt und einen Blick in sein Liebes-Lust-Drehbuch wirft. Schließlich beginnt die Sexualität schon im Kindesalter. Kinder sind immer auf Entdeckungsreise, genauso wie sie ihre Augen, Ohren und Nase untersuchen, beginnen sie irgendwann, sich mit den eigenen Geschlechtsorganen vertraut zu machen. Und da gab es sicherlich Momente, wo auch Sie sich damals als Kind erregt fühlten. Das alles ist normal und macht Spaß, zumindest solange, bis jemand dem Ganzen ein Ende bereitet.

Sehen wir uns dazu einige Beispiele von Seminarteilnehmern an.

Markus:

»Ich bin in einem katholischen Elternhaus groß geworden. Meine Mutter hat mich eines Abends erwischt, als ich masturbiert habe. Es hat ein riesiges Theater gegeben. Sie ist mit mir am Sonntag in die Kirche gegangen und hat dem Priester gesagt, daß ich etwas zu beichten hätte. Ich werde das nie vergessen, so gedemütigt habe ich mich gefühlt. Soweit ich mich erinnern kann, habe ich mich danach nie mehr selbst befriedigt, weil ich Freundinnen hatte und es nicht mehr brauchte.«

»Da bin ich mir nicht ganz sicher, ob Sie es nicht mehr brauchten oder einfach nicht mehr gemacht haben, weil Ihnen dieses Erlebnis noch in den Knochen steckt und sich der kleine Markus immer noch vor einer Strafe fürchtet.«

Heidi:

»Ich gehöre zu den Frauen, die nicht offen darüber reden, daß sie sich selbst befriedigen. Aber mir ist durch das, was wir eben besprochen haben, klargeworden, daß es jetzt an der Zeit ist, der kleinen Heidi ihre Lust zu erlauben und dazu zu stehen.«

Ilona und Gunter:

»Ich mag es, mit Gunter zu schlafen. Wir tauschen uns dabei auch über unsere Wünsche und Bedürfnisse aus. Es gibt nur hin und wieder Momente, in denen ich mich verletzt fühle, obwohl ich Gunters Bedürfnis oder besser seine Marotte akzeptiere: Nachdem wir miteinander geschlafen haben, springt er sofort auf und rennt ins Bad, um sich zu duschen. Kann das auch etwas mit unseren Kellerkindern zu tun haben?«

»Gunter, als sie anfingen, sich selbst zu befriedigen, wie genau lief das ab?«

»Im Prinzip genauso. Ich hatte immer das Gefühl, alle ›Spuren‹ sofort beseitigen zu müssen und rannte ins Bad, um mich zu waschen. Ich hatte ständig Angst, daß mich meine Mutter oder mein Vater erwischen könnte. Im Grunde habe ich deshalb keine schönen Momente erlebt. Sobald ich mich berührte, hatte ich Angst, entdeckt zu werden. Deshalb beeilte ich mich und konnte es nicht genießen. Von Entspannung oder Wohlgefühl keine Rede.«

»Ich könnte mir gut vorstellen, daß dem kleinen Gunter ein paar Trainingseinheiten mit Lust und Genuß und das Gefühl der Sicherheit nicht schaden würden.«

Der Kickstart – Lust und Erotik

Sie wurden mit der Fähigkeit, Erregung zu empfinden, geboren. Schon sehr früh konnten Sie erfahren, welche Berührungen sich gut anfühlten und welche äußeren Faktoren Ihre Lust steigerten. All diese Erlebnisse haben Ihre eigene, individuelle Lustkarte geprägt.

Mir selbst ist irgendwann aufgefallen, daß ich Lust auf Sex bekomme, sobald mein Körper in der Sonne ist. In dem Augenblick, wo mir die Sonne auf den Bauch scheint, steigt mein Hormonpegel an. Ich habe mich gefragt, woher das kommt, und mir fiel ein, daß meine Mutter mich schon als Baby immer im Kinderwagen nach draußen in die Sonne gestellt hat und ich mich dort so richtig wohl und lebendig gefühlt habe. Als Kind habe ich fast nur draußen gespielt, und eines Tages bin ich mit meiner ersten »großen Sandkastenliebe« mit dem Fahrrad zum Picknicken ins Grüne gefahren. Dort bin ich zum ersten Mal geküßt worden. Wir haben in der Sonne gelegen und uns gestreichelt. Aber das klingt romantischer als es in Wirklichkeit war. Denn es war eigentlich verboten, aber das machte die Sache nur noch reizvoller.

Wie viele andere Kinder lernte ich schon früh, daß alles, was mit Sex zu tun hat, unanständig und verboten sei. So kam es zu einem wichtigen Eintrag in meinem Liebes-Lust-Drehbuch: *Sonne + Natur + Zärtlichkeiten + unanständig + verboten = Lust.*

Wenn diese Faktoren zusammen auftraten, startete mein persönlicher »Lustbeschleuniger«. Und als ich diesen Eintrag in meinem Drehbuch identifiziert hatte, war es natürlich einfach für mich, solche Momente herbeizuführen. Als Erwachsene eliminierte ich allerdings noch die unangenehmen Variablen dieser Gleichung: den Verbots- und Unanständigkeitsfaktor, und gab der kleinen Katja damit die Erlaubnis, ihre Sexualität frei auszuleben.

Jeder hat andere Vorlieben und Abneigungen. Hier geht es nicht darum, irgend etwas zu bewerten oder zu verurteilen. Sie sollten sich dagegen bewußt machen, daß es eine Ursache für Ihre Wünsche, Bedürfnisse, Sehnsüchte und Abneigungen gibt. In Ihnen sitzt Ihr Kellerkind mit seinen gespeicherten Informationen über Lust und Sexualität und wartet auf Ihre Erlaubnis, seine unterdrückten Gefühle zuzulassen und als positive Erfahrung zu erleben. Unsicherheit, Scham- und Schuldgefühle führen bei vielen Menschen dazu, sich an den Vorgaben der Medien zu orientieren. Aber das bringt sie nicht weiter. Sie wissen bereits, daß eine emotionale Heilung nur stattfinden kann, wenn man die Einträge in seinem Drehbuch ändert.

Die Bremse – Lustkiller

Wenn ich schon von »Lustbeschleunigern« rede, muß ich mich auch den »Lustkillern« der Kellerkinder widmen. Hierzu gehören Tabus, Moralvorstellungen, Angst, Demütigungen, Schamgefühle, Mangel und Streß.

Dabei spielt das kulturelle Umfeld eine entscheidende Rolle. In manchen Kulturen gilt es als normal, wenn ein Mann mehrere Frauen hat, in anderen ist es verboten, den Partner beim Geschlechtsverkehr nackt zu sehen. Und in Indien beispielsweise werden die jungen Mädchen von ihren Tanten im Liebesspiel unterrichtet – eine himmlische Vorstellung! Welches Mädchen hat es bei uns schon erlebt, daß die Mutter mit ihm Champagner getrunken und Dessous gekauft hat, als die erste Menstruation begann? Und welcher Vater hat sich schon mit seinem Sohn hingesetzt und über die Anwendung eines Kondoms gesprochen?

In unserer Kultur ist die Sexualität leider nach wie vor häufig negativ besetzt.

So haben Männer mir erzählt, daß sie aus Scham nach dem Sport in Unterhosen geduscht haben. Und Mädchen ist es häufig immer noch unangenehm, ihre Mutter um Tampons und Binden zu bitten. Mich macht es immer wieder traurig, wie vielen Menschen schon sehr früh die Lust an der Lust, der Spaß am eigenen Körper und die Freude an einer der schönsten Sachen der Welt genommen wurde.

Sehen wir uns zum besseren Verständnis das Beispiel von Ulla und Joachim an.

»Unser Problem liegt darin, daß es immer wieder längere Zeiten gibt, in denen wir nicht miteinander schlafen. Wir kuscheln dann die ganze Nacht. Dauert diese Phase allerdings länger als zwei oder drei Wochen, werde ich unsicher. Normalerweise haben wir recht häufig Sex miteinander, und ich weiß, daß Joachim mich attraktiv und erotisch findet. Ich kann mir nicht erklären, woran es eigentlich liegt. Manchmal sind natürlich unsere Jobs die Ursache, weil wir einfach zu müde sind. Hinzu kommt noch, daß ich Sex am liebsten abends mag, Joachim morgens. Ich habe öfter versucht, das Thema anzusprechen, aber für Joachim ist alles in Ordnung.«

»Joachim, gibt es noch etwas hinzuzufügen?«

»Eigentlich nicht. Oder doch: Ich glaube, ich bin in unserer Beziehung immer derjenige, der den ersten Schritt macht. Ich kann mich nur an ganz wenige Momente am Anfang unserer Beziehung erinnern, in denen Ulla mir gezeigt hat, daß sie mit mir schlafen will.«

Ulla wirkt betroffen.

»Ulla, was haben Sie im Augenblick für ein Gefühl?«

»Ich weiß nicht so recht, aber irgendwie habe ich ein mulmiges Gefühl. In meinem Bauch schnürt sich alles zusammen. Ich habe Angst.«

»Wer hat da Angst? Ich bin mir sicher, daß sich gerade die kleine Ulla meldet. Wenn Sie sich jetzt die kleine Ulla vorstellen und mit ihr reden, wovor hat sie Angst?«

»Es ist, als gäbe es ein Verbot, als dürfe sie das nicht tun. Sie schämt sich dafür. Mir ist, als würde sie sagen: ›Das tue ich nie wieder‹.«

»Was hat die kleine Ulla getan, wofür sie sich so schämt? Gab es denn eine Situation in der Vergangenheit, in der Sie ein männliches Wesen ›angemacht‹ haben und vielleicht abgelehnt worden sind?«

»Ja, es gibt sogar zwei Situationen, die mir einfallen. Einmal habe ich im Urlaub meinen Bruder gebeten, mich einzucremen; ich war dreizehn Jahre alt. Ich weiß noch, wie es mich erregt hat, und ich wollte, daß er weitermacht. Meine Mutter hat es mitbekommen und einen enormen Aufstand gemacht. ›Schäm dich‹ und ›Ich möchte das nie wieder sehen‹, hat sie mir an den Kopf geworfen. Ich mußte meinen Eltern versprechen, das nie wieder zu tun. Mir aber war überhaupt nicht klar, was ich verbrochen hatte.«

»Ich denke, es ist jetzt ein guter Zeitpunkt, um der kleinen Ulla Verständnis und Aufmerksamkeit für ihr Schuld- und Schamgefühl entgegenzubringen. Sie sollten ihr erklären, daß sie nichts Falsches getan hat und niemand da ist, der sie bestrafen oder ablehnen wird. Sagen Sie ihr, daß Sie sich wohl fühlen darf und es ihr Recht ist, ihre Lust zu spüren. Daß es völlig normal ist, sich zu streicheln, zu küssen, den anderen zu riechen und zu schmecken und daß sie jetzt von Ihnen die Erlaubnis dazu bekommt. Sie sollten Ihr inneres Gespräch mit der kleinen Ulla so lange fortsetzen, bis Sie wieder ein Wohlgefühl spüren. Wichtig ist, daß Sie verstehen, daß Sie als Erwachsene mit Joachim Sex haben und nicht die kleine Ulla.«

Ein paar Minuten später sagt Ulla erstaunt: *»Meine Angst ist wie weggeblasen. Ich weiß nicht, ob ich das jetzt sagen sollte – aber ich verspüre gerade eine große Lust.«* Joachim nimmt Ulla in den Arm.

Lassen Sie uns nun einen Blick in Ihr persönliches Liebes-Lust-Drehbuch werfen. Aus Erfahrung weiß ich, daß es für viele Menschen schwierig ist, ihre Sexualität differenzierter zu betrachten, zwischen Erotik, Lust und Erregung im einzelnen zu unterscheiden. **Je klarer Sie sich aber selbst über Ihre Lustbeschleuniger und Lustkiller werden, desto besser können Sie für Momente der Lust sorgen – für sich selbst und innerhalb Ihrer Partnerschaft.**

Vielleicht sind Sie ja in der glücklichen Lage und haben in Ihrer Beziehung bisher keinerlei Probleme mit Ihrer Sexualität gehabt. Dennoch sollten Sie die folgende Übung durchführen.

Hier also einige Fragen, die Sie zu Ihrem Kellerkind führen werden:

> Erlauben Sie es sich, sich selbst zu befriedigen?
> Wann sind Sie sexuell befriedigt?
> Sind Sie als Kind / Jugendlicher bei der Selbstbefriedigung »erwischt« worden?
> Wie haben Sie Zärtlichkeiten in Ihrer Familie erlebt?
> Gab es eine Ablehnung von Sexualität seitens Ihrer Eltern?
> Wie haben Sie als Kind Zurückweisungen erlebt?
> Wie sind Sie zurückgewiesen worden – in einem Gespräch oder indem man Ihnen »die kalte Schulter« zeigte?
> An welcher Stelle steht Ihre Lust für Sie?
> Was nimmt Ihnen die Lust und was steigert sie?
> Wie fühlen Sie sich, wenn Ihr Partner nicht in Stimmung ist oder generell weniger Lust hat als Sie?
> Was sind ideale erotische Situationen in Ihrem Leben?
> Wodurch wurde Ihre Sexualität am meisten geprägt (durch Pornos, durch eigenes Ausprobieren)?
> Wie sah Ihre erste sexuelle Erfahrung aus? Waren Sie allein oder mit jemandem zusammen?

- In wen haben Sie sich zum ersten Mal verliebt. War er/sie gleichaltrig. Handelte es sich um eine/n Lehrer/in, Sänger/in, ein Idol. War dieser Mensch für Sie erreichbar oder nicht?
- Was haben Sie von Ihrer Familie über Sex gelernt?
- Wie ist man in Ihrer Familie mit Sex umgegangen?
- Wie hat man Sie auf die Sexualität vorbereitet?
- Wie haben Sie die Entwicklung vom Mädchen zur Frau / vom Jungen zum Mann erlebt? Gab es ausreichend Unterstützung für Sie?
- Wie hat Ihre Mutter ihre Reize zur Schau gestellt und sich Ihrem Vater gegenüber verhalten?
- Wie sah das Verhalten Ihres Vaters seiner Frau gegenüber aus (Macho, Gentleman ...)?
- Welche Regeln bezüglich der Sexualität gab es in Ihrer Familie (zum Beispiel vor der Ehe keinen Sex)?
- Welche moralischen Grundsätze in bezug auf Sexualität haben Sie gelernt (Sex vor der Ehe muß in der Kirche gebeichtet werden)?
- Wie erlebten Sie Ihre eigene beginnende Sexualität?
- Wer übernimmt in Ihrer Partnerschaft die Initiative beim Sex? Ist das Verhältnis ausgewogen, oder hat einer die Rolle fest im Griff?
- Kennen Sie selbst Ihre Vorlieben und Abneigungen?
- Wann kommt es bei Ihnen zum Liebesakt (morgens, abends, zwischendurch)?
- Was lehnen Sie beim Sex ab?
- Welche Tabus gab es in Ihrer Ursprungsfamilie, und welche gelten heute noch für Sie?
- Haben Sie Angst oder sind Sie unsicher beim Umgang mit Ihrer eigenen Sexualität?

Mein Liebesdrehbuch:

1. Meine Botschaften, Informationen und Erfahrungen bezüglich der Sexualität lauten:

   ....

2. Meine Lustbeschleuniger sind:

   ....

3. Meine Lustkiller sind:

   ....

4. Ich hätte gerne folgendes über Lust, Erotik, Berührung, Sexualität erfahren:

   ....

5. Welche Vorwürfe in bezug auf Sex habe ich meinem Partner in der Vergangenheit gemacht?
6. Welches Gefühl der Verletzung steht hinter meinen Vorwürfen?
7. Was wünsche ich mir von meinem Partner?

Haben Sie alles aufgeschrieben?

Zum Glück hat die Natur uns ein Geschenk gemacht, mit dessen Hilfe wir uns von allen sozialen, moralischen und pragmatischen Zwängen befreien können: die Phantasie.

Wo auch immer sexuelle Verbote, die mit Strafandrohung und Liebesentzug belegt sind, ausgesprochen werden – im Elternhaus, von der Kirche oder der Gesellschaft –, Ihre Phantasie erlaubt es Ihnen, sich über derartige Beschränkungen hinwegzusetzen. Sie ist und bleibt die größte Lustquelle. Hier ist alles erlaubt und hier darf alles sein. Denken Sie daran, Sie sind erwachsen und haben ein Recht auf Entscheidungsfreiheit bei allem, was Ihre Lust, Wünsche, Bedürfnisse und Neigungen betrifft. **Das einzige, was ein Tabu sein und bleiben muß, sind die Grenzen eines anderen Menschen!** Selbst wenn uns vieles an Lust genommen wurde, sei es aus Angst oder Unwissenheit unserer Bezugspersonen, eines kann man keinem Menschen nehmen: die Grenzenlosigkeit seiner Phantasie. Nutzen Sie dieses wunderbare Instrument und machen Sie sich und vor allem Ihrem Kellerkind bewußt, daß Sie beide jetzt frei sind.

Die Karosserie – unser Körper

Wäre es nicht wunderbar, wenn sich jeder frei und in seinem Körper zu Hause fühlen könnte?

Ich habe die Ängste über körperliche Makel bereits angesprochen. Lange Zeit war ich der Meinung, daß es sich dabei um ein frauenspezifisches Problem handelt, doch weit gefehlt. Bald übertreffen uns die Männer mit der Anzahl ihrer Cremetöpfe und Duftwässerchen im Bad. Aber ich will nicht zynisch werden, dafür ist dieses Thema zu ernst. Wenn Frauen (oder auch Männer) sich einer Schönheitsoperation unterziehen, kommen die Ängste zu dick, zu dünn, nicht schön genug zu sein, meistens an anderer Stelle wieder zum Vorschein.

Ich frage Sie: Wo ist das Bewußtsein für Ihre Einzigartigkeit geblieben?

Versuchen Sie bitte einmal folgendes: Betrachten Sie sich nackt im Spiegel. Ist es wirklich so schlimm? Wenn ja – glauben Sie, die Natur hat sich bei Ihnen »geirrt« oder möchte Sie bestrafen? Das ist Unsinn. Die Art und Weise, wie Sie sind, sowie Ihr Aussehen machen Sie zu dem besonderen und liebenswerten Menschen, den Sie gerade im Spiegel sehen. Oder sollen wir etwa alle wie Ken und Barbie aussehen? Haben Sie sich schon einmal überlegt, wie Ihr Partner Sie und Ihr Aussehen schätzen soll, wenn Sie selbst mit sich unzufrieden sind?

Sehen wir uns dazu das Beispiel von Tanja und Carsten an.

»Wenn Carsten mich wegen meines Aussehens kritisiert, fühle ich mich verletzt, gedemütigt, hilflos und abgelehnt. Dann ziehe ich mich zurück, schäme mich, und an gemeinsamen Sex ist nicht mehr zu denken. Von selbst wäre ich nie darauf gekommen, daß er sich genauso verhält wie damals mein Vater, der auch immer an mir rumgemäkelt und behauptet hat, ich würde keinen Mann finden, wenn ich so dick bleibe. Was kann ich jetzt tun, nachdem ich erkannt habe, daß mein Kellerkind die Verletzung spürt, die mein Vater ihm zugefügt hat?«

Baustelle Sex

»Was hätte denn die kleine Tanja damals gebraucht?«

»Sie hätte Eltern gebraucht, die sie schön fanden, so wie sie war. Und die sie bestätigten. Denn ich war ja nie wirklich dick, aber mein Vater hat mich total verunsichert.«

»Das erste, was die kleine Tanja jetzt braucht, ist Verständnis. Nehmen Sie ihr Gefühl ernst und sagen Sie zu ihr: ›Ja, ich kann verstehen, daß du traurig bist, dich schämst, verunsichert bist, dich gedemütigt und abgelehnt fühlst.‹ Sagen Sie ihr, daß ihr Vater unrecht hatte. Geben Sie ihr das Gefühl, daß sie einzigartig und schön ist – genau so, wie sie ist. Stellen Sie sich dabei vor, Sie hätten eine kleine Tochter, der Sie zu einem intakten Selbstbewußtsein verhelfen wollen. Wichtig ist, daß diese ›Nachbeelterung‹ (siehe dazu auch Seite 167) kindgerecht ist. Es nützt überhaupt nichts, wenn Sie sich Designerklamotten kaufen. Es geht vielmehr darum, die Verletzung von damals mit Verständnis, Mitgefühl, Wertschätzung und Liebe zu heilen.«

Auch das Beispiel von Dani und Laura zeigt, welchen Einfluß unser Kellerkind auf unser Selbstbild hat.

»Alles in allem finde ich unsere Beziehung in Ordnung. Allerdings hat Dani oft etwas an mir auszusetzen. Er mag es, wenn Frauen sexy gekleidet sind, rot lackierte Fingernägel haben und in Stöckelschuhen herumlaufen. Ich aber kleide mich am liebsten leger. Ich bin nun mal nicht superschlank und fühle mich in Schlabberklamotten am wohlsten. Wir haben deswegen schon unzählige Diskussionen hinter uns. Ich mag schon gar nicht mehr nackt durch die Wohnung laufen. Und sobald dann ein solches ›Modeexemplar‹ in Danis Umfeld auftaucht und er ihr hinterherguckt, werde ich wahnsinnig eifersüchtig. Ich finde diese aufgedonnerten Tussis schrecklich und habe ihm schon tausendmal gesagt, daß ich nicht solch ein Frauentyp bin. Als wir uns kennenlernten, sah ich ja auch so aus, wie ich jetzt bin. Dani wirft mir allerdings vor, daß ich viel mehr aus mir machen könnte. Mittlerweile habe ich keine Lust mehr, mit ihm zu schlafen. Eines Nachts habe ich mich richtig vor ihm geekelt, und ich dachte, wenn er auf solche Frauen steht, dann ist er nicht der Richtige für mich. Ich stand kurz davor, allen Respekt vor ihm zu verlieren.«

»Welche Informationen gibt es in Ihrem Drehbuch zum Thema aufreizendes Verhalten, Kleidung, Frausein?«

»Meine Eltern sind sehr konservativ. Als ich mich zum ersten Mal geschminkt habe, hat mein Vater mich angeschrien, daß ich wie eine Prostituierte aussähe. Im Sommer trugen alle Mädchen Miniröcke. So etwas hätte es bei uns nicht gegeben. Einmal habe ich mir einen von einer Freundin geliehen, und – wie sollte es anders sein – mein Vater hat mich gesehen und mich in aller Öffentlichkeit beschimpft, ich könne ja gleich auf den Strich gehen, wenn ich so herumlaufen würde. Ich sehe das Bild von damals genau vor mir: Die kleine Laura zittert am ganzen Leib und hat Angst, daß ihr Vater recht haben könnte. Sie weiß überhaupt nicht mehr, was richtig und was falsch ist.«

»Dann ist es wohl an der Zeit, Laura zu erklären, was eine Prostituierte ist. Zudem braucht sie Verständnis für ihre Unsicherheit und letztlich die Erlaubnis, sich als Frau zu fühlen, mit allem, was dazugehört. Das Schöne an unserem Frau-sein ist gerade das Spiel mit unseren optischen Reizen, die den Männern gefallen und auch gefallen dürfen. Sie selbst entscheiden dabei, wie Sie Ihre Reize einsetzen wollen.«

Julius hat wegen seines Aussehens folgende Erfahrungen gemacht:

»Ich habe, solange ich denken kann, Demütigungen wegen meines Penis erfahren. Das fing schon im Sportunterricht an. Beim Duschen rief plötzlich jemand: ›Schaut mal den Kurzen da! Wenn der mal Sex mit einer Frau hat, dann ist das so, als ob du eine Salami in den Flur werfen würdest.‹ Da war das Gelächter natürlich groß. Dazu kam auch noch, daß ich als einziger in meiner Klasse beschnitten war. All das hat mich dermaßen verunsichert, daß ich erst mit zwanzig eine feste Freundin hatte. Wir haben zusammen geschlafen, und es gab überhaupt keine Probleme. Später ist es mir allerdings passiert, daß mich auch Frauen wegen meines kleinen Penis ausgelacht haben. Bevor ich mir das nochmal antue, bleibe ich lieber allein!«

»Sie unterliegen einem großen Irrtum, Julius, wenn Sie – wir viele andere leider auch – glauben, daß es beim Sex auf die Größe der Genitalien ankommt. Das stimmt nicht. Bei einer gemeinsam erlebten Sexualität geht es vielmehr darum, daß beide Partner sich wohl fühlen. Die Technik und das Zusammenspiel der beiden Liebenden ist dabei viel entscheidender als die Länge des Penis. Das waren jetzt die Worte für den erwachsenen Julius. Nun braucht auch der kleine Julius angesichts der fürchterlichen Verletzung Hilfe. Gab es denn für die Beschneidung medizinische oder religiöse Gründe?«

»Soweit ich weiß, nichts dergleichen. Meine Mutter war nur der Meinung, eine Beschneidung wäre für mich später als Mann das beste. Um sich dazu Rat einzuholen, hat sie den Penis oft meinen Tanten und Onkel vorgeführt. Natürlich wurde da immer gelacht, was mich maßlos gedemütigt hat.«

»Was Sie erzählen, geht mir wirklich sehr nahe. Ich denke, es ist höchste Zeit, sich der Verletzung des kleinen Julius zu erbarmen. Legen Sie Ihre Hände auf den Bauch, und erlauben Sie dem Kleinen nun endlich, offen zu zeigen, was er fühlt.«

Julius laufen Tränen über die Wangen. *»Jetzt erst merke ich, daß der kleine Julius das Gefühl hatte, sich überhaupt nicht wehren zu können. Er kam sich völlig ausgeliefert vor.«*

»Gehen Sie nun bitte mit dem kleinen Julius in die Welt von damals und geben Sie ihm als Erwachsener die Rückendeckung und Unterstützung, die er in der Vergangenheit gebraucht hätte. Was passiert dann?«

»Keiner nimmt mehr von dem kleinen Penis Notiz. Ich sehe die Jungen in der Dusche, dann die zwei Frauen, die mich damals ausgelacht haben – nichts passiert. Schade, daß meine Mutter tot ist, sonst würde ich ihr auch noch einen Besuch abstatten.«

»Sie können Ihrer Mutter ja einen Brief schreiben, um ihr all das mitzuteilen, was Sie damals nicht sagen konnten, jetzt aber nachholen wollen.«

Jetzt ist es wieder an der Zeit für einige Einträge in Ihrem persönlichen Liebesdrehbuch.

Hier einige Fragen, die Ihnen weiterhelfen werden:

> Gibt es irgend etwas an Ihrem Körper, was Sie nicht mögen?
> Sind Sie früher aufgrund Ihres Körpers oder wegen bestimmter Körperteile gehänselt oder abgelehnt worden?
> Sind Sie ausreichend berührt und gestreichelt worden?
> Haben Sie Komplimente für Ihr Aussehen erhalten?
> Was haben Sie von Ihrer Mutter / Ihrem Vater über den weiblichen / männlichen Körper erfahren? Was hat man Ihnen über den Umgang mit dem eigenen Körper vermittelt?
> Wie haben Sie den körperlichen Kontakt Ihrer Eltern wahrgenommen?
> Wie ging man in Ihrer Familie mit Körper und Sexualität um?
> Haben Ihre Eltern sich Ihnen nackt gezeigt?
> Gab es Tabus oder Verbote, die den Körper betrafen?
> Durften Sie Ihren Körper so schmücken, wie es Ihnen gefiel?

Mein Liebesdrehbuch:

1. Was steht in Ihrem Liebesdrehbuch zum Thema mein Körper, Körperpflege, Berührungen?
2. Welche Vorwürfe machen Sie Ihrem Partner diesbezüglich?
3. Welche Gefühle und Verletzungen stehen hinter Ihren Vorwürfen?
4. Was braucht Ihr Kellerkind?
5. Welche Informationen über Ihr Aussehen, Ihren Körper hätten Sie als Kind gern bekommen?
6. Welche Verhaltensweisen haben Sie von Ihren Eltern übernommen? Was machen Sie anders?
7. Was wünschen Sie sich von Ihrem Partner?

Sich an den Verkehr anpassen

Jeder von uns kennt das Gefühl, keine »Lust« zu haben, da Belastungen von außen uns in Beschlag nehmen, unsere Energievorräte aufzehren und uns unter Streß setzen. Dazu gehören Kinder, gesundheitliche, familiäre oder berufliche Probleme, aber auch das Altern. All diese Faktoren fordern ihren Tribut und einen Teil der Lust, die darüber hinaus auch Hormonschwankungen unterworfen ist.

Sex und Nähe können nicht jeden Tag gleich intensiv erlebt werden!

Unser Körper ist kein Roboter, der täglich Höchstleistungen vollbringt. Dennoch verletzt es uns besonders, wenn wir mit unserem Verlangen nach Nähe von unserem Partner zurückgewiesen werden.

Lesen Sie dazu den Fall von Rainer und Esther.

»Esther ist durch ihren Job oft so ausgepowert, daß ihr einfach die Kraft und Lust fehlen, mit mir zu schlafen. Das verstehe ich zwar, aber es frustriert mich trotzdem: Nacht für Nacht liege ich neben einer attraktiven Frau, und es passiert nichts.«

Esther: *»Das kann ich so nicht stehen lassen. Ich hätte manchmal nichts dagegen, wenn du die Initiative ergreifen würdest und ich nichts tun bräuchte. Aber das macht dir keinen Spaß, so daß du nach zwei Minuten wieder aufhörst.«*

»Ja, aber nur deshalb, weil ich will, daß du mich berührst und ich dich spüre.«

»Sagen Sie mal Rainer, gibt es bei Ihnen eigentlich auch Zärtlichkeiten ohne Sex?«

»Ja, hin und wieder küssen wir uns und nehmen uns in den Arm.«

»Sind Sie sich manchmal einfach nur nah und spüren den anderen ohne sexuelles Verlangen?«

»Offen gestanden, möchte ich meistens schon mit Esther schlafen.«

»Erlauben Sie mir noch eine weitere Frage? Wie haben Sie Zärtlichkeiten, Nähe und Berührung in Ihrer Familie erlebt?«

»Ich kann mich nicht erinnern, daß wir berührt worden wären oder meine Eltern uns gestreichelt hätten. Ich bin mit zwei Brüdern aufgewachsen und denke, Mädchen bekommen viel eher Zärtlichkeiten als Jungen. Ich habe erst mit meiner ersten Freundin erfahren, was richtige Nähe ist.«

»Dann hat der kleine Rainer in seinem Drehbuch stehen: *Zärtlichkeiten gibt es nicht, aber ich brauche sie doch.* Diesen Impuls nimmt der große Rainer wahr und versucht, über Sex die ersehnte Zärtlichkeit zu bekommen!«

»Das stimmt schon, das muß ich zugeben.«

Esther: *»Jetzt kann ich den Druck, den du mir immer machst, viel besser verstehen. Ich bin auch nicht gerade mit Zärtlichkeit und Nähe überhäuft worden. Vielleicht sollten wir uns gegenseitig helfen. Was hältst du davon, wenn wir demnächst spezielle Kellerkinder-Kuschel-Knutsch-Tage einlegen?«*

»... Und vergessen Sie vor allem nicht, die entsprechenden Seiten in Rainers Liebe-Lust-Drehbuch zu ändern. Rainer, dazu sollten Sie Ihrem Kellerkind erklären, was Sex und was Nähe ist. Prüfen Sie das nächste Mal, wenn Sie Lust verspüren, ob Sie den Wunsch nach Nähe und Zärtlichkeit haben oder ob es sich in dem Moment tatsächlich um sexuelles Verlangen handelt.«

Michael und Daniela:

»Wir hatten mit Freunden eine Diskussion zum Thema, wie man dem Alltagstrott entflieht und Pep ins Schlafzimmer bringt. Sie haben uns von ihren Erfahrungen und Experimenten im Tantra-Seminar und Swingerclub erzählt. Ich kann es mir aber beim besten Willen nicht vorstellen, in einen solchen Club oder in ein Seminar zu gehen.«

»In einem seriösen Swingerclub gilt bekanntlich das Motto: ›Alles kann – nichts muß passieren‹. Ich bin der Meinung, daß man ausprobieren sollte, worauf man neugierig ist und was einem guttut. Ich selbst kenne durchaus empfehlenswerte Tantra-Seminare.«

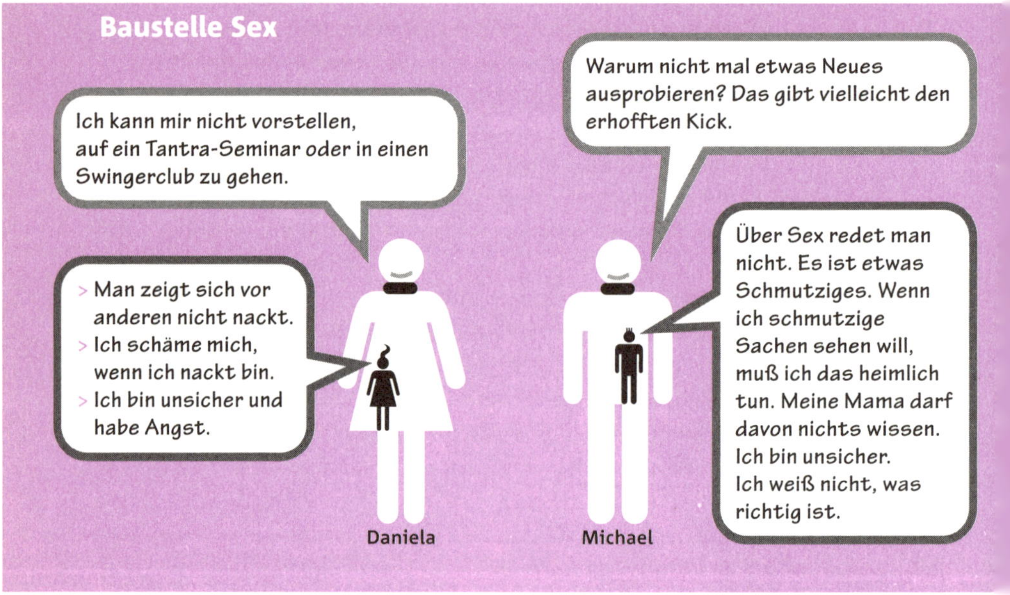

Solange Sie noch unsichere oder ängstliche Kellerkinder haben, ist eine solche Fortbildung jedoch nicht empfehlenswert – Kinder sollten um diese Uhrzeit im Bett liegen. Kümmern Sie sich also zunächst um Ihre Unsicherheits-, Scham- und Angstgefühle. Wenn sich Ihr Kellerkind sicher fühlt und Sie ihm die Erlaubnis für Lust und Sex gegeben haben, können Sie immer noch prüfen, ob diese Events Sie interessieren. Es ist niemand mehr da, der Ihnen etwas verbieten kann!

Mit Hilfe der Übungen und Fragen der vorherigen Kapitel haben Sie sicherlich schon zahlreiche Informationen über sich selbst und Ihre Sexualität erhalten.

Sollten jedoch sexuelle Probleme in Ihrer Beziehung akut sein, beachten Sie bitte folgendes:

> Sex kann nicht jeden Tag gleich sein.
> Sie beide sind manchmal unsicher und haben Ängste.
> Äußere Belastungen stören das Liebesleben.
> Überprüfen Sie, ob gerade ein Kellerkind auf der Bühne steht. Wenn nötig, schreiben Sie Ihr Drehbuch um!
> Sie sind ein Team! Tauschen Sie sich gegenseitig über Ihre Liebes-Lust-Drehbücher aus.
> Teilen Sie Ihrem Partner mit, wie es Ihnen geht.
> Vermeiden Sie es, Ihren Partner längere Zeit ohne triftigen Grund zurückzuweisen.
> Planen Sie bewußt Zeiten für Ihre Sexualität ein, gerade dann, wenn Sie Kinder haben oder durch Ihren Beruf sehr gefordert sind.
> Aktivieren Sie Ihren Humor.
> Eine befriedigende Sexualität erfordert Mitgefühl und Verständnis auf beiden Seiten.
> Seien Sie geduldig mit sich selbst und mit Ihrem Partner.
> Sie beide haben Offenheit und Ehrlichkeit verdient.

Verkehrsstörungen

Was ist denn nun schon wieder los? Das Auto springt nicht an. Ist etwa die Batterie oder der Tank leer, der Motor defekt? Stimmt mit dem Fahrzeug etwas nicht oder liegt der Fehler bei Ihnen? Wenn es Probleme mit dem Auto gibt, scheut sich niemand, sofort einen Spezialisten aufzusuchen, um sich Informationen zu besorgen oder sich helfen zu lassen.

Mittlerweile haben Sie schon einiges über Ihre Wünsche und Bedürfnisse herausgefunden. Um jedoch die männliche und weibliche Lust erfüllend aufeinander abstimmen zu können, sollten Sie auch über die unterschiedlichen Funktionsweisen Ihrer Körper Bescheid wissen.

Es gibt eine Vielzahl von Büchern, die darüber aufklären. Ich möchte an dieser Stelle lediglich auf einige zentrale Punkt eingehen. So sollten Sie folgendes wissen: **Männliche und weibliche Sexualität unterscheiden sich grundlegend voneinander.** So brauchen Frauen in der Regel Zeit, während Männer sich beim Liebesakt stärker auf das Ziel ausrichten. Deshalb sollten beide Geschlechter beim Liebesspiel niemals vergessen, daß sie ein Team sind, und daß Qualität vor Quantität gehen sollte. Die Erfahrung lehrt aber, daß dies leichter gesagt als getan ist, da zu viel Gefühl mit im Spiel ist. Viele Frauen fühlen sich beispielsweise verletzt, wenn ihr Partner nach dem Liebesakt einschläft. Dieses Verhalten läßt sich jedoch physiologisch erklären: Ejakulationen erschöpfen den Mann körperlich, wohingegen der Orgasmus für die Frau belebend wirkt.

Viele Männer empfinden es dagegen als frustrierend, wenn ihre Partnerin keinen Orgasmus bekommt. Das ist jedoch keine Seltenheit. Tatsächlich kommt nur rund ein Drittel der Frauen regelmäßig zum Höhepunkt.

Das beste ist also, wenn sich jeder von Ihnen erst einmal selbst kennenlernt, seine erogenen Zonen erforscht und seine Sexualität etwas »trainiert«. Dann können Sie dem Partner Hinweise geben, wie Sie es wirklich gerne mögen. Denken Sie nur an all die umfangreichen Bedienungsanleitungen von Computern und Haushaltsgeräten, die es mittlerweile gibt. Damit setzen wir uns automatisch auseinander. Aber haben Sie sich schon einmal ein Buch über die Funktion Ihrer Geschlechtsorgane angeschaut? Die Erwartung, daß Ihr Partner genau wissen sollte, wie Ihr Körper funktioniert, sollten Sie schleunigst über Bord werfen. Die Harmonie in Ihrem Schlafzimmer ist im wesentlichen davon abhängig, daß jeder seine eigenen sexuellen Bedürfnisse kennt und sie dem anderen vermittelt. Je mehr Wissen Sie sich beide über sich und den anderen aneignen, umso mehr Einfühlungsvermögen werden Sie füreinander entwikkeln, und um so mehr Freude, Lust und Ekstase werden Sie gemeinsam erleben.

Auf der anderen Seite gibt es auch keinen Grund, sich schlecht zu fühlen, wenn Ihr Körper Ihnen signalisiert, daß etwas nicht stimmt. Im Gegenteil, in solchen Momenten kommuniziert er gerade mit Ihnen. Sie sollten ihn unbedingt ernst nehmen, denn Sie haben nur diesen einen. Was passiert beispielsweise in Ihrem Körper, wenn Sie unsicher sind oder Angst haben? Er produziert Adrenalin und signalisiert Ihnen damit, daß es höchste Zeit ist, die Flucht zu ergreifen. Das bedeutet nicht zwangsläufig, daß Sie aus dem Schlafzimmer flüchten. Unser Innenleben ist da sehr erfinderisch. Sie können sich zum Beispiel auch gedanklich wegbeamen, einen kleinen Streit vom Zaun brechen oder langfristig Krankheiten produzieren, die weiteren Sex verhindern helfen. Bitte lachen Sie nicht, wenn ich das klassische Beispiel der Migräne erwähne. Darüber hinaus gibt es Blasenentzündungen, Vaginalpilze, Vaginismus (Scheidenkrämpfe) und chronisch bedingte Krankheiten, sogar Bandscheibenvorfällen können sexuelle Probleme zugrunde liegen.

Aber ich bin weder Medizinerin noch Sexualtherapeutin, daher wenden wir uns nun wieder einigen Fällen aus meiner Praxis zu:

Karin und Robert:

»Robert und ich schaffen es nicht, unsere verschiedenen Vorstellungen von Sexualität auf einen Nenner zu bringen. Ich liebe ausgiebige Vorspiele mit langen leidenschaftlichen Zungenküssen, Berührungen am ganzen Körper, ein bedingungsloses Sich-aufeinander-einlassen. Das heißt nicht, daß ich etwas gegen Quickies hätte – beim Essen muß es ja auch mal schneller gehen. Was ich aber vermisse, ist wirkliche Nähe beim Sex. Robert hingegen scheint nur seinem Orgasmus nachzujagen und benutzt meinen Körper dazu, befriedigt zu werden. Für mich ist aber ein sexuelles Miteinander sehr wichtig. Ich weiß nicht, wie wir das erreichen können. Darüber zu reden hilft zumindest nicht. Keiner versteht den anderen.«

Robert: *»Ich bin ratlos, fühle ich mich überfordert und weiß nicht, was sie meint.«*

»Wie haben Sie Ihre Sexualität ausgebildet, Robert?«

»Na ja, mit Pornofilmen, die ich mir von meinem Bruder ausgelie-

hen habe. Meine erste Freundin und die Frauen danach fühlten sich immer befriedigt, wenn ich kam – zumindest sagten sie das. Aber es war wohl keine dabei, die einen Orgasmus hatte. Karin kennt ihren Körper sehr genau und hat mir all die Stellen gezeigt, an denen sie besonders gern berührt wird. Meistens hat sie auch einen Orgasmus, das ist ihr sehr wichtig.«

Karin: *»Das ist doch wohl auch verständlich. Ich finde, es ist die Aufgabe des Mannes, die Frau zu befriedigen. Bei meinen Ex-Freunden war meist ich diejenige, die zurückgesteckt hat, doch irgendwann habe ich beschlossen, das nicht mehr zu akzeptieren. Ich habe auch ein Recht auf Befriedigung.«*

»Robert, können Sie sich noch an die Filme erinnern, die Sie gesehen haben? Was war es genau, was Sie erregt hat?«

»Eigentlich waren es immer Filme, in denen die Frauen die Männer befriedigt haben, meistens mit Oralsex.«

»Karin, wie war es bei Ihnen, wie haben Sie ihre Sexualität ausgebildet?«

»Ich habe schon früh angefangen, mich selbst zu befriedigen und mir dabei immer vorgestellt, das würde ein Mann tun.«

»Ihre Geschichten hören sich an wie die zweier Mannschaften, die auf der Jagd nach dem Orgasmus miteinander konkurrieren. Dein Orgasmus – mein Orgasmus. Hatten Sie eigentlich schon mal zusammen einen Orgasmus?«

»Das hat für uns bisher keine Rolle gespielt. Hauptsache, jeder hat seinen.«

»Ich schlage Ihnen beiden für die kommenden zwei Monate ein ›Orgasmusverbot‹ vor. Sie dürfen alles tun, nur keinen Orgasmus bekommen und schon gar nicht zusammen! Küssen Sie sich, streicheln Sie sich, erzählen Sie sich erotische Geschichten. Lernen Sie, den Augenblick zu genießen. Wenn Sie ständig auf der Jagd sind – und den Eindruck machen Sie mir –, können Sie die Gegenwart nicht mehr wahrnehmen, geschweige denn in ihr aufgehen. Für später rate ich Ihnen, die ganze Sache einfach mit mehr Humor anzupakken: Legen Sie ›Orgasmustage‹ fest. Robert ist immer montags dran, Karin mittwochs und am Freitag feiern Sie gemeinsam Ihren Höhepunkt.«

Guido und Melanie:

Guido und Melanie sind seit fünf Jahren ein Paar, doch von Anfang an gab es Probleme in ihrem Sexualleben. Guido ejakuliert bereits, wenn er Melanie nackt sieht oder wenn die beiden sich küssen.

»Ich habe in all den Jahren, in denen wir zusammen sind, immer wieder Verständnis gezeigt, und Guido hat sich bemüht, mich zum Höhepunkt zu bringen. Aber sein Penis war nie in mir. Eines Tages habe ich Peter kennengelernt. Sofort fühlte ich mich erotisch von ihm angezogen. Wir haben uns ein paarmal verabredet, und es kam, wie es kommen mußte: Wir landeten im Bett. Ich habe es so genossen ... und erst in dem Moment begriffen, wie ›ausgehungert‹ ich war. Ich liebe Guido und möchte auch mit ihm zusammenbleiben. Doch auf ein befriedigendes Sexualleben möchte ich auch nicht verzichten.«

Guido: *»Es ist mir mehr als peinlich, in aller Öffentlichkeit über mein Problem zu reden. Aber Melanie hat mir sozusagen die Pistole auf die Brust gesetzt.«*

»Zunächst einmal möchte ich Ihnen beiden sagen, daß mich Ihr Mut sehr beeindruckt. Viele Paare können sich ein Beispiel an Ihrer Offenheit und Ihrem gegenseitigen Verständnis nehmen. Sie beide haben schon einen langen Weg zurückgelegt, eine Affäre überstanden und wollen weiter zusammen an dem Problem arbeiten. Das ist bewundernswert. Was Sie betrifft, Guido, ist es jetzt natürlich schwer zu sagen, was die genaue Ursache Ihres Problems ist. Vielleicht hat es einen medizinischen Grund.«

»Nein, ich war letzte Woche beim Arzt, und medizinisch gesehen bin ich topfit. Er meinte, es könne streßbedingt sein. Allerdings hatte ich das Problem schon mit meiner ersten Freundin, also mit 16 Jahren, so daß der Faktor Streß wohl auszuschließen ist. Was soll ich nun tun?«

»Um Ihnen das zu sagen, müssen wir in Ihr Drehbuch schauen. Wann haben Sie das erste Mal onaniert?«

»Daran kann ich mich sehr gut erinnern. Ich war zwölf Jahre alt. Meine Eltern waren an jenem Sonntagmorgen zur Kirche gefahren, und ich wollte mir die Pornohefte, die ich bei meinem älteren Bruder gefunden hatte, in aller Ruhe angucken und mich dabei selbst befriedigen. Ausgerechnet in dem Augenblick, als ich einen Samenerguß hatte, betrat meine Mutter das Zimmer. Sie beschimpfte mich fürch-

terlich. Danach sprach sie zwei oder drei Wochen lang kein Wort mehr mit mir.«

»In dem Augenblick, in dem Sie Lust empfinden und sich berühren wollen, entsteht gleichzeitig die Angst, wieder erwischt und abgelehnt zu werden. Kurz, Sie stehen dann unter Streß.«

»So habe ich das noch nie gesehen, aber es stimmt. Als ich das erste Mal mit meiner ersten Freundin schlafen wollte, hatte ich sofort eine Ejakulation. Sie war wesentlich älter als ich und hat mich ausgelacht. Es hat lange gedauert, bis ich wieder den Mut gefaßt habe, auf Frauen zuzugehen. Melanie habe ich von meinem Problem erzählt, bevor wir das erste Mal zusammen schlafen wollten. Sie war sehr verständnisvoll.«

»Guido, mich berührt Ihre Geschichte sehr. Sie können stolz auf sich sein, daß Sie trotz der verletzenden Momente, die Sie erlebt haben, wieder das Vertrauen gefunden haben, auf eine Frau zuzugehen. Das ist eine beachtliche Leistung.«

Sollten auch Sie mit solchen oder anderen Störungen in Ihrem Liebesleben konfrontiert sein, warten Sie nicht länger! Es gibt Ärzte und Therapeuten, die für diese Probleme geschult sind. Ein Urologe hat mir erzählt, daß nur etwa ein Drittel der Männer mit Potenzstörungen ärztliche Hilfe in Anspruch nimmt. Das ist eine traurige Bilanz.

Ein weiteres Problem können sexuelle Übergriffe und sexueller Mißbrauch sein, die viel öfter in Liebesdrehbüchern zu finden sind, als man erwarten würde. In der Regel bleibt das Opfer nach der Tat mit Schuld- und Schamgefühlen zurück. Das Spektrum von Übergriffen und Mißbräuchen ist breit. Sollten Sie den Verdacht haben, daß Ihnen so etwas widerfahren ist, sollten Sie sich umgehend an einen Menschen Ihres Vertrauens oder an einen Therapeuten wenden. Viele Menschen scheuen sich aus Scham davor, sich jemandem gegenüber zu öffnen und wollen das Problem lieber alleine verarbeiten. Das ist zwar verständlich, aber das Schlechteste, was man tun kann. **Seien Sie verantwortungsbewußt, holen Sie sich die Hilfe, die Sie und Ihr Kellerkind benötigen – auch das ist ein Akt der Liebe.**

Ruhender Verkehr

Um den Verkehrsfluß auf Autobahnen zu optimieren, werden bekanntlich Stauexperten zu Rate gezogen. Diese führen Baustellen, einen falschen Umgang mit der Geschwindigkeit, unangemessenes Bremsverhalten, sowie unbedachte Überholmanöver als häufigste Ursachen für stockenden oder stillstehenden Verkehr an.

Ist der Beziehungsverkehr lahmgelegt, wenden sich Paare in den seltensten Fällen an einen Experten. Die Aussicht, den Rest ihres Lebens ohne Sex verbringen zu müssen, läßt die verzweifelten und entnervten Beziehungspartner vorschnell zum scheinbar naheliegendsten Mittel der Problemlösung greifen: der Trennung oder der Flucht in eine Affäre. Zu bedrohlich und entmutigend klingen ihnen die altbekannten Sätze im Ohr: »Je länger eine Beziehung dauert, um so weniger Sex hat man mit den Jahren« oder »Im Alter läßt der Sex einfach nach«. Aber solche Aussagen sind blanker Unsinn!

Die Sexualität läßt sich in einer Partnerschaft das ganze Leben lang lebendig und feurig halten, sofern beide Partner bereit sind, die Verantwortung dafür zu übernehmen.

Sehen wir uns dazu wieder ein paar Beispiele an.

Sabine und Bernd:

»Es ist uns peinlich darüber zu reden, aber wir schlafen schon seit neun Jahren nicht mehr miteinander.«

»Ich kann gut verstehen, daß es Ihnen unangenehm ist, vor allem, wenn Sie ständig zu hören bekommen, wie wichtig Sex in einer Beziehung ist. Die Medien beispielsweise sind voll mit Anleitungen für guten und ›erfolgreichen‹ Sex. Ich glaube aber, daß ein entscheidender Punkt gerade im Bereich der Sexualität die Scham ist. Die Scham, darüber zu reden, sich zu zeigen, Probleme anzusprechen und insbesondere, sich auch nach außen hin zu öffnen. Ich bewundere jedenfalls Ihren Mut, dieses Thema anzusprechen. Wollen Sie noch ein bißchen mehr erzählen? Gab es einen bestimmten Auslöser oder war es eine schleichende Entwicklung?«

»Aus meiner Sicht fing es nach der Geburt unseres zweiten Kindes an. Ich fühlte mich ausgelaugt und war meistens nur noch müde.

Bernd hingegen kam nach Feierabend voller Energie nach Hause, machte immer mal wieder Annäherungsversuche, aber vergeblich. Schließlich gab er es ganz auf. So vergingen Monate, und keiner von uns sprach das Thema an. Wir lieben uns, das ist keine Frage, aber wir haben einfach keine Lust mehr aufeinander.«

Baustelle Sex

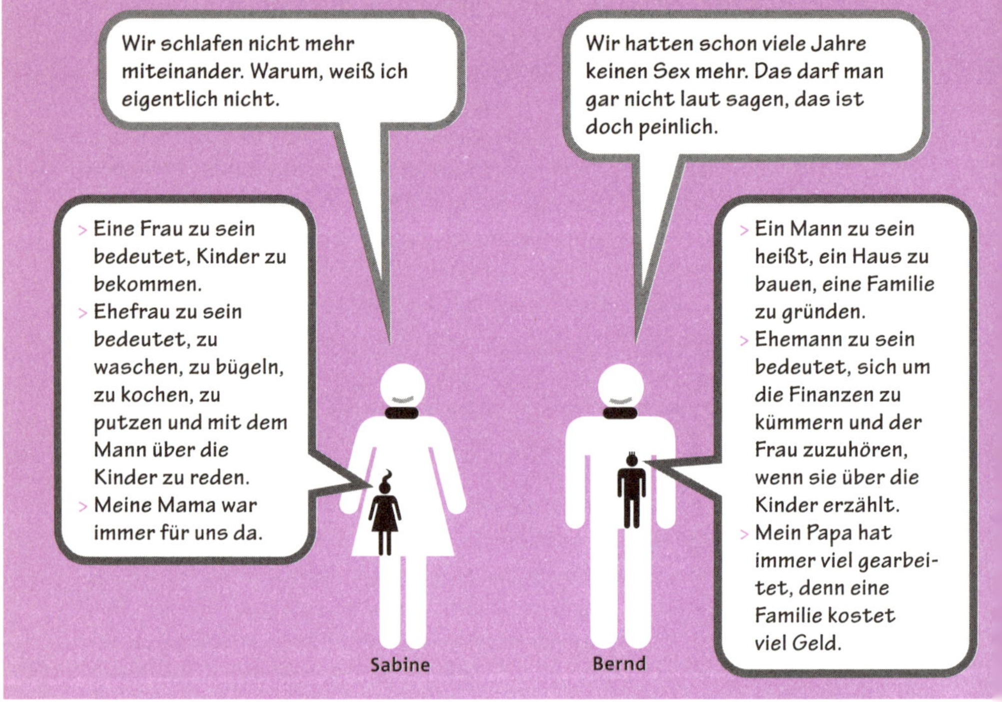

»Wann sind Sie eigentlich das letzte Mal zu zweit schön essen gegangen?«

»Das ist schon Lichtjahre her. Wir haben nämlich keine Großeltern, bei denen wir die Kinder mal abliefern könnten. Und einem Babysitter möchten wir die Kinder nicht anvertrauen. Seitdem wir Kinder haben, sind wir beide weder ins Kino noch sonst irgendwo alleine hingegangen.«

»Sie sind in der Rolle der Eltern aufgegangen und haben sich als Mann und Frau völlig vergessen. Neun Jahre sind eine lange Zeit, daher schlage ich Ihnen vor, es mit dem Sex nicht zu überstürzen und Schritt für Schritt die Zweisamkeit wieder zu üben. Fangen Sie mit kleinen Dingen an: Gehen Sie gemeinsam essen, unternehmen Sie etwas Aufregendes, entwickeln Sie wieder ein Gefühl dafür, was es heißt, Mann und Frau zu sein. Geben Sie sich Zeit und nehmen Sie Ihre Gefühle ernst. In Ihren beiden Drehbüchern gibt es keine positiven Vorbilder, wie Mann und Frau ihr Zusammensein gestalten sollten, wenn Kinder da sind. Sie haben jetzt die Chance, Ihr Liebesdrehbuch neu zu schreiben. Wie möchten Sie sich als Frau/Mann fühlen? Was möchten Sie gerne zusammen unternehmen? Welche Träume, Wünsche, Bedürfnisse und Sehnsüchte haben Sie? Wie können Sie Ihre gemeinsame Freizeit planen und organisieren?«

Ute und Thomas:

Thomas: *»Wir finden, daß es albern ist, sich mit diesem Kellerkind zu unterhalten. Wir sind beide sehr rationale Menschen und haben anspruchsvolle Berufe. Das ist nicht unsere Sprache und Vorgehensweise. Uns wäre es lieber, wenn wir einen Plan hätten, eine genaue Arbeitsanleitung: Problemstellung, Zielformulierung, Realisierung.«*

»Vielleicht gibt es ja eine andere Möglichkeit, Ihnen bei Ihrem Problem zu helfen. Aus welchem Grund besuchen Sie dieses Seminar?«

Ute: *»Wir sind jetzt seit vier Jahren zusammen und haben eigentlich überhaupt keine Probleme. Wir streiten weder wegen des Haushalts, noch wegen des Geldes oder irgendwelcher anderer Dinge. Die Zuständigkeiten sind klar geregelt, und bei Themen wie Urlaub entscheiden wir gemeinsam. Wenn wir keinen Kompromiß finden, macht jeder auch mal allein Urlaub. Bei uns hat sich eher eine gewisse Langeweile eingestellt. Es fehlt uns der ›Kick‹, um es genau zu sagen. Wenn wir abends heimkommen, fallen wir meistens völlig kaputt aufs Sofa und haben keine rechte Lust mehr auszugehen. Der Sex hat auch nachgelassen. Es ist nicht so, daß wir uns nicht mehr lieben, aber wir können uns einfach nicht mehr dazu aufraffen. Am Anfang unserer Beziehung erlebten wir eine knisternde Erotik und leidenschaftlichen Sex. Wir wissen beide, daß Streß der Sexkiller schlechthin ist und daß* *wir zuviel arbeiten. Aber in der heutigen Zeit kann man nur froh sein, einen guten Job zu haben. Wir haben versucht, mit Freunden darüber zu sprechen. Die Antwort, die wir bekamen, lautete regelmäßig: ›Das ist doch völlig normal.‹ Für uns ist das nicht normal. Wir wollen uns damit nicht zufriedengeben, aber auch keine Trennung. Kurz: Es fehlt einfach etwas.«*

»Ist es nur der Sex, der Ihnen fehlt?«

Ute: *»Als wir beide noch studiert haben, hatten wir viel mehr Freizeit, etwas miteinander zu unternehmen.«*

»Mich würde brennend interessieren, was Ihre Kellerkinder zu den Themen Spaß, Freizeit, Arbeit und Sex im Drehbuch stehen haben. Was fällt Ihnen zum Thema Lust ein? Wie war das, wenn Sie als Kind Lust auf Spielen und Spaß hatten? Wie sah die Arbeitsmoral und Arbeitsauffassung Ihrer Eltern aus? Und ganz wichtig: Wie wurde in Ihren Familien mit Sexualität umgegangen?«

Thomas: *»Offen gestanden, kann ich mich nicht daran erinnern, daß es bei uns zu Hause so richtig Spaß gab. Wir waren nie ausgelassen, albern oder unvernünftig. Meine Eltern und Sex, das ich kann ich mir überhaupt nicht vorstellen.«*

»Mir stellt sich nun die Frage, wo eigentlich Ihre Kellerkinder sind, die Lust haben, etwas zu entdecken und zu spielen, die lachen, rumalbern und sich frei fühlen wollen? Wenn Sie sich Ihren Liebesfilm anschauen, was fällt Ihnen auf?«

Thomas: *»Wir haben alles genauso gemacht, wie wir es gelernt haben: Kein Spaß, nur Leistung! Von klein auf haben wir geschuftet, so daß Lust nie wirklich aufkommen konnte. Folglich steht davon auch nichts im Drehbuch.«*

Ute: *»Jetzt bin ich aber erleichtert. Ich hatte Angst, entdecken zu müssen, daß mit unserer Beziehung etwas nicht stimmt. Nun erkenne ich, daß sich mein Problem in der kleinen Ute manifestiert – unglaublich! Mir ist jetzt klar, warum wir zwei uns so verhalten. Vielleicht sollten Thomas und ich mal wieder Studenten spielen!«*

Die Beispiele zeigen deutlich, daß »ruhender Verkehr« noch lange nicht das Ende einer Beziehung bedeuten muß. Im Gegenteil, der Stau kann meistens schneller aufgelöst werden, als man denkt.

Was Sie dafür tun können, entnehmen Sie der kurzen Checkliste:

- Werden Sie sich der Hintergründe und Ursachen bewußt und werfen Sie einen Blick in Ihr Drehbuch.
- Sollte es sich um einen Kellerkindalarm handeln, sollten Sie sich als erstes um die Kellerkinder kümmern.
- Spielen Sie Detektiv! Suchen Sie Ihre Streßfaktoren und eleminieren Sie diese.
- Sorgen Sie für gemeinsame Zeiten und Ziele.
- Schaffen Sie eine Atmosphäre, in der Sie sich gerne dem Liebesspiel widmen.
- Sprechen Sie offen und ehrlich über Ihre Wünsche, Bedürfnisse und Sehnsüchte.
- Vermeiden Sie Vorwürfe.
- Versetzen Sie sich in die Lage des anderen, um zu verstehen, warum er sich so verhält. Zeigen Sie Anteilnahme.
- Unternehmen Sie kleine »Liebesfahrten« raus aus dem Alltagstrott.
- Schlüpfen Sie einfach mal in andere Rollen (Latin Lover, Diva).

Zu viele Verkehrsteilnehmer?

Meistens trifft es einen wie der Blitz. Und dann ist es da, dieses grauenhafte Gefühl. Ein Schmerz, der so unendlich weh tut – egal, ob man es selbst herausgefunden hat, oder der Partner einem die heimliche Affäre gestanden hat. Jeder, der diese Situation schon einmal durchleben mußte, weiß, wovon ich spreche. Da teilt man mit dem Menschen, den man liebt, Tisch und Bett und dann, plötzlich, taucht mir nichts dir nichts ein Fremdkörper auf, der alles zu zerstören droht. Vertrauen, das mühsam aufgebaut wurde, ist wie durch ein Fingerschnippen ins Nirwana geblasen. Wie konnte er/sie mir das antun? Die Menschen reagieren sehr unterschiedlich darauf, wenn sie von der Affäre des Partners erfahren. Ist es besser, die ganze Wahrheit zu wissen und dabei möglicherweise noch mehr verletzt zu werden, oder sollte man lieber verdrängen, um den Schmerz abzustellen? Und was ist mit der gemeinsamen Zukunft?

Es gibt leider kein Patentrezept dafür, wie man mit einer solchen Situation umgeht. Doch wie kommt es überhaupt zu Affären und Seitensprüngen? Läßt jemand in nur einer Nacht seinen Gefühlen freien Lauf oder drängt sich über einen längeren Zeitraum eine dritte Person in die Paarbeziehung? Gerade bei Seitensprüngen liegt ein Großteil der erotischen Faszination in der Unerreichbarkeit und dem Verbot. Und natürlich ist Sex auch ohne Liebe möglich.

Muß aber eine Affäre zwangsläufig bedeuten, daß man seinen Partner nicht mehr liebt, oder geht es nur um den »Kick«? Was ist die Ursache für das eigene Verhalten oder für das des Partners?

Für die meisten Menschen bedeutet ein solcher Vertrauensmißbrauch jedenfalls das Ende der Beziehung. Aber könnte darin nicht die Chance für einen Neuanfang liegen?

Wie steht es mit der »Schuldfrage«? Für viele liegt die Antwort auf der Hand. Schuld ist derjenige, der fremdgeht. Doch tragen nicht beide die Verantwortung dafür, daß es in Ihrer Beziehung soweit gekommen ist? Sehen wir uns hierzu folgende Beispiele an.

Lisa:

»Ich merke, daß ich seit einigen Jahren nicht wirklich glücklich bin. Ich finde mein Leben langweilig. Jeden Tag ist es dasselbe. Ich bin jetzt 48. Wir haben zwei Kinder, die im Ausland studieren und nur selten zu Hause sind. Finanziell stehen wir gut da. Mir stehen alle Möglichkeiten offen. Ich könnte reisen, Kurse besuchen oder auch selbst ein Geschäft eröffnen. Mein Mann hätte nichts dagegen. Im Gegenteil, er würde mich bei allem unterstützen. Trotzdem habe ich das Gefühl, daß ich ›vertrockne‹.

Ein kleines Geheimnis muß ich an dieser Stelle offenbaren. Ich war vor drei Jahren mit einer Freundin auf Korsika. Sie mußte jedoch wegen einer Sonnenallergie die meiste Zeit im Hotel verbringen. Ich bin deshalb allein auf Entdeckungsreise gegangen und habe einen Maler kennengelernt – ein paar Jahre jünger als ich, dunkelhaarig, mit einem ganz anderen Background. Er spielt Gitarre und ist der romantischste Mann, den ich überhaupt kenne, völlig verspielt und verrückt. Ich habe mich sofort in ihn verliebt. Er war zärtlich, leidenschaftlich, und ich habe Gefühle erlebt, die ich so noch nicht kannte. Ab dieser

Zeit begann ich zu zweifeln. Soll ich meine Ehe wegen dieser Urlaubsaffäre beenden? Das wäre wohl kindisch. Aber mit meinem Mann kann ich auch nicht darüber sprechen. Für ihn würde eine Welt zusammenbrechen. Andererseits will ich so, wie es ist, auch nicht mehr weitermachen.«

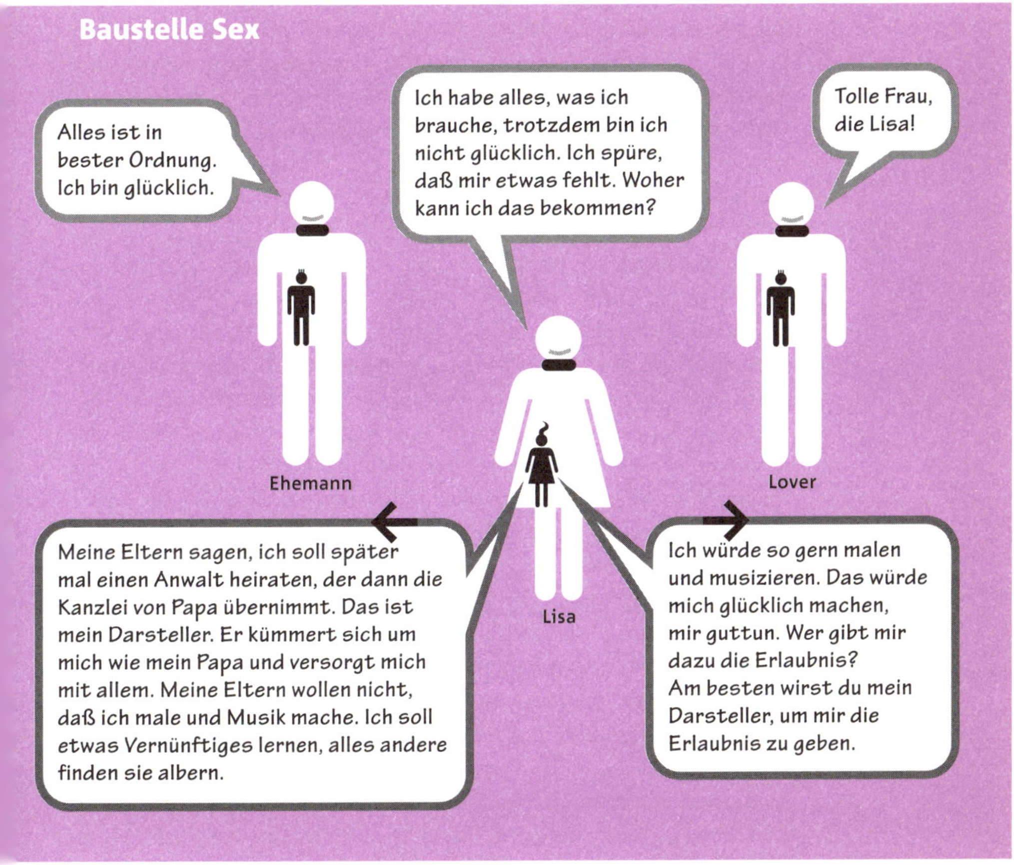

»Lisa hat ihr Leben nach den Vorgaben ihrer Eltern aufgebaut. Was es zu tun gab, welchen Mann sie heiraten sollte, haben sie entschieden. Doch die kleine Lisa hat Bedürfnisse und Wünsche, die bislang unterdrückt worden sind und endlich beachtet werden wollen. Die

Frage, die sich Ihnen jetzt stellt, lautet: Wie können Sie die Erlebnisse, die Ihnen soviel gegeben haben, und die Gefühle, die Sie sich wünschen, in Ihre Ehe einbringen? Ihre Affäre hat den Teil in Ihnen geweckt, der nach Kreativität und Aufbruch schreit. Die Entscheidung, ob Sie Ihrem Mann davon berichten, liegt ganz bei Ihnen. Prüfen Sie bitte zuvor selbstkritisch, ob Sie beichten wollen, um Ihr Gewissen zu erleichtern, oder ob es für Ihre Ehe wirklich wichtig ist. Ich persönlich bin der Auffassung, daß Ehrlichkeit in eine Beziehung gehört. Denn nur so hat auch der andere die Möglichkeit, sich darüber Gedanken zu machen, was er zu der jeweiligen Situation beigetragen hat und welche Kellerkindverletzungen er nachbeeltern sollte« (zur »Nachbeelterung« siehe Seite 166 ff.).

Bis zum Tag des Seitensprungs oder der Affäre waren Sie und Ihr Partner ein Team. Das dürfen Sie nicht vergessen. Natürlich müssen Sie für sich selbst entscheiden, ob Sie mit dem Vertrauensbruch leben können oder lieber einen klaren Schlußstrich ziehen wollen. Eines aber möchte ich Ihnen ans Herz legen: **Schauen Sie sich auf jeden Fall Ihr Liebesdrehbuch an und ändern Sie die vorhandenen Einträge!** Ohne eine Überarbeitung werden Sie früher oder später diesen Schmerz zwangsläufig wiedererleben müssen – selbst wenn Sie sich von Ihrem jetzigen Partner trennen sollten.

Rüdiger und Sybille:

»Ich kenne das Gefühl, betrogen zu werden, gut. Mein Ex-Freund hat mich damals hintergegangen, woraufhin ich mich sofort von ihm getrennt habe. Nun bin ich mit Rüdiger zusammen, bereits seit zehn Jahren. Wir verstehen uns wirklich gut. Das einzige, was in unserer Beziehung ein wenig nachgelassen hat, ist der Sex. Rüdiger hat sich darüber zwar hin und wieder beschwert, aber ich dachte nicht, daß es wirklich ein Thema wäre. Durch meinen Schichtdienst bin ich häufig ausgelaugt, müde und lustlos. Als wir einmal eine Party gegeben haben, mußte ich wegen der Arbeit früh schlafen gehen. In der Nacht wachte ich auf und wollte mir ein Glas Milch holen. Als ich in die Küche kam, traute ich meinen Augen nicht. Ich sah Rüdiger, der leidenschaftlich mit einer unserer Bekannten knutschte. Ich ging sofort wieder

zurück ins Schlafzimmer, um mich erst einmal zu sammeln. Selbst als ich zum zweiten Mal in die Küche kam, bemerkten die beiden mich nicht, so beschäftigt waren sie. Was dann passierte, weiß ich nicht mehr so genau. Ich habe geschrien, eine Szene gemacht. Rüdiger hat mir versichert, daß außer diesem einen Kuß nichts passiert sei. Er hat sich dazu hinreißen lassen, so sagte er, weil sich bei uns in Sachen Sex fast nichts mehr tut. Wir haben dann viele lange Gespräche geführt und sind uns darüber klargeworden, daß uns das Knistern gewaltig abhanden gekommen ist … Jedenfalls haben wir beschlossen, diesen Vorfall als Anlaß zu nehmen, um an uns und unserer Ehe zu arbeiten. Trennen wollen wir uns nicht.«

»Sie haben mittlerweile viel über Kellerkinder erfahren. Was fällt Ihnen beiden nun auf?«

»Die ganze Zeit über waren wir wie Pflegeeltern zueinander und haben uns gegenseitig um unsere Kellerkinder gekümmert. Die verstehen sich prächtig und können richtig gut miteinander spielen. Aber zwischen den beiden Erwachsenen gab es keine Verbindung mehr.«

»Wie haben Ihre Eltern die Ehe miteinander gestaltet?«

Sybille: *»Mein Vater war immer auf Geschäftsreise, meine Mutter ist immer dicker geworden. Ausgegangen sind die beiden nie zusammen. Nach 34 Jahren Ehe haben sie sich scheiden lassen … Oje, ich bin ja auch nicht mehr mit Uwe ausgegangen, zum einen wegen meines Jobs, zum anderen weil ich einfach keine Lust mehr auf Kneipen und Discos hatte. Höchstens für einen gemütlichen Abend mit Freunden zu Hause konnte ich mich ab und zu begeistern. Jetzt wird mir ganz mulmig zumute. Ich verhalte mich ja nicht anders als meine Mutter, im letzten Jahr habe ich auch noch zehn Kilo zugenommen.«*

Rüdiger: *»Wenn ich einen Blick in mein Drehbuch werfe, erkenne ich, daß ich nie so enden wollte wie meine Eltern, nach dem Motto: ›Bis daß der Tod euch endlich scheidet‹. Die beiden haben keinen Respekt voreinander. Meine Mutter hat es immer für selbstverständlich erachtet, daß mein Vater da war. Sie hat sich nie um ihn bemüht, obwohl er bis heute ein attraktiver Mann ist.«*

»Ich finde es klasse, daß Sie diesen ›Crash‹ in Ihrer Partnerschaft als Chance sehen und nicht, wie die meisten Paare, als sofortigen Grund zur Trennung. Daß Sie sich bewußt damit auseinandersetzen und die Ursachen erforschen wollen, die Sie in diese Sackgasse hineingeführt haben. Bei Ihnen geht es jetzt darum, die Verbindung von Mann und Frau in der Ehe wiederherzustellen, in Erfahrung zu bringen, was Sie beide dort brauchen und sich wünschen. Nehmen Sie bitte auch die entsprechenden Änderungen in Ihren Liebesdrehbüchern vor. Und halten Sie fest, wie Sie Ihre Ehe, Ihr gemeinsames Leben gestalten wollen.«

Dies waren nur ein paar Beispiele für die Hintergründe von Affären und Seitensprüngen. Sollten Sie in eine ähnliche Situation kommen, können **nur** Sie selbst entscheiden, wie Sie damit umgehen.

In jedem Fall sollten Sie aber folgendes bedenken:

> Es gibt immer einen oder mehrere Gründe, warum Ihnen das jetzt widerfährt.
> Werfen Sie einen Blick in Ihr Liebesdrehbuch und befragen Sie Ihr Kellerkind zu dem Thema.
> Treffen Sie keine voreiligen Entscheidungen.
> Nehmen Sie sich des Schmerzes Ihres Kellerkindes an und geben Sie ihm das, was es immer noch braucht.
> Schreiben Sie ihr Drehbuch aktiv um.
> Gönnen Sie sich eine Auszeit, um über alles nachzudenken.
> Wenn Sie Ihren Partner nach Details der Affäre fragen wollen, prüfen Sie zuvor, ob es für Sie wirklich wichtig ist oder ob Sie sich damit nur weiter verletzen.
> Seien Sie ehrlich zu sich selbst.

Es gibt kein »Richtig« oder »Falsch«. Vertrauen Sie auf die Stimme Ihres Herzens.

Reden regelt den Verkehr

Eines der größten Probleme in einer Partnerschaft ist die offene und ehrliche Kommunikation über Wünsche, Bedürfnisse, Sehnsüchte, Phantasien, aber auch über all das, was man nicht mag.

Kann ich das meinem Partner wirklich sagen? Was wird er denken? Wie bringe ich es ihm am besten bei? Was ist, wenn ich ihn kränke? Tausend Bedenken schießen uns durch den Kopf und lassen uns häufig verstummen. Wir werden unsicher und vermeiden es tunlichst, über unser Liebesleben zu reden.

Hier möchte ich schleunigst Abhilfe schaffen, indem ich für Sie ein paar wesentliche Dinge zusammenfasse:

Sie sind zwei Menschen mit einer einzigartigen Geschichte, mit zwei einzigartigen Körpern, und Sie lieben sich. Sie wollen diese Liebe auf allen Ebenen zum Ausdruck bringen. Sich gegenseitig verwöhnen, sich berühren, ganz nah sein, miteinander verschmelzen, Ihre Lust ausleben und ja, viele gemeinsame Feste mit Attraktionen und Höhepunkten feiern. Nun frage ich Sie aber: Kennen Sie eine einzige Party, auf der nicht auch mal etwas schiefgelaufen ist?

Nehmen Sie sich nun etwas Zeit und überlegen Sie, was Sie sich von Ihrem Partner wünschen: Was soll er tun, wie und wo möchten Sie von ihm berührt werden? Was macht Ihnen besonders viel Spaß?

Beginnen Sie die Sätze jeweils mit »ich«:

Ich wünsche mir von meinem Partner

Sie haben jetzt einige Wünsche aufgelistet. Gut! Aber schenken Sie sich diese Dinge auch selbst? Wenn ja, super! Dann müssen Sie das alles nur noch Ihrem Partner mitteilen. Schwieriger allerdings wird es, wenn Sie gar nicht so genau wissen, was Sie sich wünschen. Dieses Problem tritt weit häufiger auf, als man glauben möchte. Sie stehen damit also nicht allein.

Ich habe mit vielen Klienten die folgende Übung gemacht. Den meisten hat sie weitergeholfen.

Stellen Sie vor, Sie beginnen mit Ihrer Vagina, Ihrem Penis oder Ihren Brüsten ein Gespräch. Was würde Ihr Penis Ihnen wohl gern mitteilen wollen, was hat Ihre Vagina auf dem Herzen?

Bevor Sie Ihre Wünsche und Bedürfnisse Ihrem Partner mitteilen, sollten Sie zunächst mit Ihrem eigenen Körper kommunizieren.

Hier ein paar Beispiele, wie ein solches Gespräch aussehen kann:

Hallo, hier sprechen deine Brüste!
Wir laufen jetzt schon so viele Jahre mit dir gemeinsam durchs Leben, und es vergeht kaum ein Tag, an dem du nicht an uns herummäkelst. Du schrubbst uns zwar mit irgendwelchen Bürsten und trägst Cremes auf, aber hast du uns jemals zärtlich berührt und bewundert, wie schön wir sind? Du kannst uns nicht leiden, aber gleichzeitig willst du, daß Manfred uns liebt. Und wo wir gerade beim Thema sind: Die Art und Weise, wie Manfred uns berührt, gefällt uns gar nicht. Er schraubt an unseren Brustwarzen herum, als wolle er Radio Paradies einstellen. Wir sind traurig und wütend. Was bleibt uns da anderes übrig, als nach und nach den Kopf hängen zu lassen? Wir wünschen uns von dir mehr Aufmerksamkeit, eine zärtliche Behandlung und vor allem, daß du stolz auf uns bist. Wir gehören zu dir! Sag Manfred doch bitte, er soll uns sanft und gefühlvoll berühren. Zeig ihm am besten gleich, wie wir es mögen – er kann ja nicht hellsehen.

Hey Alter,
wir haben schon bessere Zeiten erlebt. Die letzten Wochen waren wirklich nicht erfreulich. Wir sind enttäuscht über dein Verhalten. Jeden Morgen entsteht zwischen uns ein gewisser Kontakt, wenn wir die Blase leeren müssen. Dann bekommen wir eine Ladung Wasser und Seife ins Gesicht. Ja, und sonst? Du sitzt allein auf deinem Bett, schaust dir einen Pornofilm an und behandelst uns derartig ruppig und ungeduldig, bis uns schlecht wird und wir uns übergeben müssen. Wir dachten, wir sind ein Team! Wir vermissen eine Frau, die dich küßt, dich zärtlich berührt. Eine Frau, mit der wir verschmelzen kön-

nen. Das sind die Dinge, die uns Freude machen. Und du weißt nur zu gut, daß es dir dann auch gleich viel besser geht. Also, nimm dir das, was wir dir sagen, auch zu Herzen und kümmere dich mal wieder um deine Freundin!
Penis & Hoden

Wenn Sie herausgefunden haben, was Sie sich wünschen, sollten Sie dies auch Ihrem Partner erzählen. Beginnen Sie die Sätze am besten mit »Ich wünsche mir« oder »Das fühlt sich gut an; ein wenig weiter oben, ein bißchen schwächer ...« Vermeiden Sie unbedingt Formulierungen, wie »Nie machst du es so, wie ich es dir sage; du kannst das nicht; so nicht, das will ich nicht«. Diese Sätze sind verletzend und wahre Lustkiller.

Wenn Sie spüren, daß Sie keine Lust haben, reden Sie nicht lange um den heißen Brei herum: Sagen Sie, worauf genau Sie keine Lust haben. Schließlich entsteht ja auch kein Streit, wenn einer von Ihnen gekocht hat und der andere keinen Hunger hat, oder? Nehmen Sie Ihren Partner lieber in den Arm und küssen Sie ihn. Sich einfach nur umdrehen ist verboten!

Und da die »richtige« Kommunikation so wichtig ist, geht es auch im nächsten Kapitel um dieses Thema.

Teil IV
Verhaltensmaßnahmen und Regeln

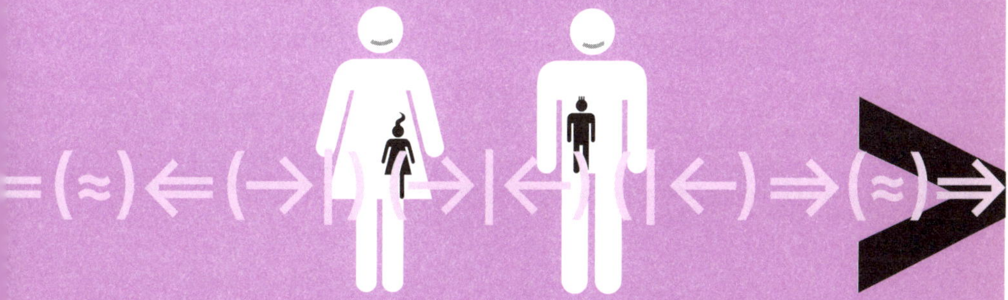

Sackgassen und Einbahnstraßen

Ich kann mich noch gut an die Zeiten erinnern, als ich selbst noch nichts von Drehbüchern, Kellerkindern, Kommunikationsregeln und Streitkultur wußte. Wie oft fühlte ich mich hilflos, traurig, unverstanden und ausgelaugt, wie oft habe ich den Ärger in mich hineingefressen oder herausgeschrien, bis die Beziehung irgendwann im Konkurs endete. Heute weiß ich, daß es nicht so hätte kommen müssen.

Wie wichtig es ist, miteinander zu reden, darüber brauchen wir nicht zu diskutieren. Wir sind heutzutage in der Lage, über Kontinente hinweg zu kommunizieren, aber am eigenen Küchentisch – von Angesicht zu Angesicht – scheitern wir oft kläglich. Das ganze Wissen über die unterschiedlichen Kommunikationsweisen von Männern und Frauen ist in solchen Situationen wie weggewischt.

Dafür fährt einer dem anderen über den Mund. Vorfahrtsregeln werden mißachtet, Stoppschilder übersehen ... bis man zu guter Letzt wieder einmal in einer Sackgasse landet. Dabei wollten Sie doch nur miteinander reden! Kommunikationsprobleme und immer wieder gescheiterte Lösungsversuche veranlassen jeden Tag unzählige Paare dazu sich zu trennen. Hatten Sie schon einmal einen Unfall, bei dem Zeugen beteiligt waren? Die Zeugenaussagen nach einem Unfall sind ein wunderschönes Beispiel für Kommunikationsprobleme und unterschiedliche Wahrnehmungen. In der Regel bekommt man den Eindruck, als hätten mindestens zwei Unfälle stattgefunden, so unterschiedlich sind die Sichtweisen. Nichts anderes erleben Sie in Ihrer Beziehung auch. Es werden keine Tatsachen verdreht und es wird auch nicht gelogen. **Aber aufgrund Ihrer verschiedenen Drehbücher nehmen Sie die Situation unterschiedlich wahr.** Dabei wäre es so einfach! Solange es in Ihren Liebesdrehbüchern kein grünes Licht für einen reibungslosen »Kommunikationsverkehr« gibt, wird es zu Problemen kommen. Täglich treffen Ihre beiden Kellerkinder mit Ihren Liebesdrehbüchern aufeinander. Und dann ist es so, als stünden augenblicklich zwei Großfamilien auf der Bühne.

Sehen wir uns dazu das Beispiel von Patricia und Olaf an:

»Meist hört man ja von Frauen, daß ihre Männer nicht mit ihnen reden wollen. Bei uns ist das genau umgekehrt. Ich habe Lust zu reden, mich über alles auszutauschen, während Patricia eher introvertiert ist. Sie möchte nicht über ihre Gefühle reden und über ihre Vergangenheit schon gar nicht. Auch wenn wir mit meinen Freunden ausgehen, sagt sie kaum etwas. Ich weiß im Grunde überhaupt nicht, was sie wirklich bewegt, was sie möchte oder was sie an mir und unserer Beziehung stört. Was kann ich tun, damit wir mehr miteinander reden?«

»Patricia, möchten Sie etwas dazu sagen?«

Patricia blickt zu Boden. *»Nein, ich mag nicht.«*

»Ich habe das Gefühl, daß ich gerade mit der kleinen Patricia rede. Ich weiß nicht genau, was die Kleine so verletzt hat, daß sie lieber schweigt, doch es muß wohl sehr weh getan haben. Kinder beschließen oft Dinge, die bis ins Alter hinein Gültigkeit haben, wenn sie einmal tief verletzt wurden. Die kleine Patricia jedenfalls macht auf mich einen sehr traurigen und ängstlichen Eindruck. Kann es sein, daß sie Angst hat, etwas falsch zu machen?«

Patricia hebt ihren Kopf und beginnt mit zitternder Stimme zu reden: *»Als Sie eben gesagt haben, daß ich wohl beschlossen hätte, nie mehr zu reden, bekam ich Angst. Als ich klein war, habe ich mir bei einem Fahrradunfall alle Frontzähne ausgeschlagen, und immer wenn ich geredet habe, wurde ich von meiner Familie ausgelacht. Später bekam ich eine Zahnspange und wurde damit wieder zum Gespött der Familie. Abgesehen davon hatten wir Kinder den Mund zu halten, wenn die Erwachsenen redeten. Und was wir Kinder erzählt haben, hat meine Eltern nie wirklich interessiert. Ich hatte immer das Gefühl, sie mit meinen Geschichten zu langweilen. Meine Eltern sind sehr intellektuelle Menschen, und bei uns zu Hause trafen sich immer Professoren und andere wichtige Leute zum Diskutieren. Wenn ich in diesen Kreisen dann etwas sagen wollte, handelte ich mir nur abfällige Blicke ein und wurde aus dem Zimmer geschickt. Ich glaube, sie hielten mich für dumm. Da ist es doch kein Wunder, wenn man trotzig wird und zu sich selbst sagt: ›Dann rede ich eben überhaupt nicht mehr‹.«*

Sie schaut zu Olaf, der sie sehr liebevoll ansieht. *»Wenn ich mit Olafs Freunden weggehe, dann rede ich auch nie. Olaf ist Arzt, und die* *meisten seiner Freunde sind auch Ärzte. Da kommt in mir stets das gleiche Gefühl hoch wie damals. Ich hasse Diskussionen. Meine Eltern wollten mit uns auch immer diskutieren. Aber seit wann interessiert das Kinder?«*

Olaf: *»Mir ist jetzt auch noch etwas klargeworden. Um mich hat sich niemand gekümmert. Mich hat nie jemand gefragt, wie es mir eigentlich geht, obwohl ich mir das so gewünscht habe. Meine Eltern haben nie wirklich etwas zu sagen gehabt. Redeten sie miteinander, drehten sich die Gespräche nur um uns Kinder oder irgendwelche belanglosen Dinge.«*

»Patricia, Sie sollten Ihren Beschluß von damals schleunigst rückgängig machen. Die kleine Patricia muß sich wieder dafür entscheiden, reden zu wollen. Am besten, Sie beide richten sich gemeinsame ›Kellerkinder-Rede-Stunden‹ ein. Gesprächsstoff haben Sie sicherlich genug.«

Nicht nur die Art und Weise, wie unsere Eltern mit uns geredet (oder geschwiegen) haben, tragen wir in unsere Beziehungen hinein, sondern auch die Kommunikationskultur, die sie uns insgesamt vorgelebt haben.

Damit es Ihnen ein wenig leichter fällt, die Informationen in Ihrem Liebesdrehbuch zum Thema Kommunikation ausfindig zu machen, habe ich Ihnen einige Fragen zusammengestellt:

> Trauen Sie sich, über alle Themen zu reden?
> Haben Sie feste Zeiten für längere Gespräche oder kommt es meistens zwischen »Tür und Angel« dazu?
> Kennen Sie Kommunikationsregeln?
> Was haben Sie von Ihrer Mutter / Ihrem Vater über das Miteinander-Reden gelernt?
> Wie haben Sie die Kommunikation Ihrer Eltern empfunden? Haben Sie deshalb etwas Bestimmtes für sich beschlossen?
> Wie oft haben Ihre Eltern miteinander gesprochen?
> Hat einer Ihrer Elternteile schlecht über den anderen geredet?

- Gab es Geheimnisse innerhalb Ihrer Familie wie »Davon erzählen wir Papa / Mama / den Geschwistern nichts«?
- Wie haben sich Ihre Eltern untereinander angeredet (Mama / Papa, Kosenamen)?
- Worüber wurde in Ihrer Familie gesprochen? Gab es Tabuthemen?
- Wie haben andere Bezugspersonen mit Ihnen geredet?
- Hat man Ihnen zugehört? Hat man Sie ernstgenommen?
- Wie wurden Lob und Kritik vermittelt?
- Welche Kommunikationsregeln gab es in Ihrer Familie? Konnte zum Beispiel jeder ausreden?
- Gab es Redeverbote wie »Wenn Erwachsene reden, müssen Kinder still sein«?

Mein Liebesdrehbuch:

1. Welche Informationen habe ich zum Thema Kommunikation gespeichert?
2. Welche Vorwürfe möchte ich meinem Partner diesbezüglich gern machen?
3. Welche Gefühle und Verletzungen stehen hinter meinen Vorwürfen?
4. Mein Kellerkind braucht:

   ----

5. Welche Informationen hätte ich als Kind zu diesem Thema gerne bekommen?
6. Welche Verhaltensweisen habe ich von meinen Eltern übernommen? Was mache ich anders?
7. Ich wünsche mir von meinem Partner:

Nach dieser Übung wissen Sie genau Bescheid, welches Kellerkind Ihre Kommunikationsstörung verursacht. Aber das reicht noch nicht aus: Wir müssen uns unbedingt mit einigen Grundregeln zum Kommunikations-Know-how befassen.

Kommunikationsregeln

In jedem Gespräch gibt es einen Sender und einen Empfänger.

Allgemeine Regeln:

> Suchen Sie einen Ort auf, an dem Sie beide ungestört sind. Vereinbaren Sie Regeln. Zum Beispiel: Während wir reden, bleiben die Handys aus.
> Planen Sie regelmäßige Gespräche in Ihren Beziehungsalltag ein (wöchentlich eine Stunde).
> Teilen Sie sich täglich mit, wie Sie sich fühlen.
> Fragen Sie Ihren Partner morgens, was ihn an diesem Tag erwartet beziehungsweise womit er sich gerade beschäftigt.

Sender:

> Bevor Sie ein Gespräch beginnen, sollten Sie sich die Frage stellen, mit welcher Absicht Sie das Gespräch führen.
> Bitten Sie ausdrücklich um ein Gespräch. Gespräche zwischen Tür und Angel bringen selten etwas.
> Wenn Ihr Partner nicht in Stimmung ist, fragen Sie ihn, wann er Zeit und Lust hat. Treffen Sie eine Vereinbarung.
> Sagen Sie Ihrem Partner vorab, was Sie genau brauchen: nur einen Zuhörer oder möchten Sie ein Feedback?
> Beginnen Sie Ihre Sätze mit »Ich fühle/wünsche …« und beschreiben Sie dann Ihr Gefühl. »Du-Botschaften« stammen vom Kellerkind (sofort nachbeeltern, siehe Seite 166 ff.).
> Bleiben Sie bei der momentanen Situation und lassen Sie die Vergangenheit dort, wo sie ist.
> Äußern Sie klar Ihren Wunsch oder Ihr Bedürfnis. Sagen Sie genau, was Sie brauchen.
> Fragen Sie Ihren Partner, ob er alles verstanden hat.

Empfänger:

- Solange Sie der Empfänger sind, sollten Sie Ihren Partner ausreden lassen.
- Wiederholen Sie mit Ihren Worten, was Sie verstanden haben.
- Wenn in Gesprächen Kritik laut wird, hat der Empfänger das gute Recht nein zu sagen – Sie entscheiden, was Sie annehmen wollen und was nicht.
- Wenn Sie auf die Bedürfnisse und Wünsche Ihres Gegenübers gerade nicht eingehen wollen oder können, sollten Sie ihm das mit einem klaren Ja oder Nein zu verstehen geben. Begründen Sie, warum Sie so reagieren, damit Ihr Partner dies nachvollziehen kann.

Der Crash

Zwei Menschen treffen mit unterschiedlichen Wünschen, Bedürfnissen und Ansichten aufeinander und können sich nicht einig werden. Es wird argumentiert, versucht zu überzeugen, Kompromisse zu finden, und wenn das alles nichts hilft, wird geschrien, gezetert und geweint. Häufig kommt es zur psychologischen Erpressung (»Ich habe aber für dich …«; »Jetzt könntest du aber auch …!«) und bei dem einen oder anderen fliegen auch einmal Gegenstände durch die Luft. In einem Wort: Es wird gestritten. Der Höhepunkt einer solchen Auseinandersetzung ist dann erreicht, wenn einer tief verwundet ist. Dann stehen wieder eine Vielzahl von Verhaltensmöglichkeiten zur Wahl: Türen knallen, die Flucht antreten, schmollen, Rachepläne schmieden, in Schweigen versinken; gern wird auch verbal der Scheidungsrichter oder Umzugsdienst ins Haus geholt. Ist dann die hitzige Phase durchgestanden, kehrt langsam wieder Ruhe ein. Das letzte Stadium eines Streits ist die Versöhnung. Dieser Akt wird häufig mit allerhand Symbolik begangen: Da werden Blumen und Geschenke besorgt oder die uralte to-do-Liste des Partners abgearbeitet. Man gelobt Besserung, spricht nochmal über alles, und wenn man Glück hat, geht das Gestreite, Geziehe und Gezerre erst in ein paar Tagen wieder von vorne los.

Bei einem Streit sind ein beziehungsweise zwei Kellerkinder aktiviert!

Auch zu diesem Thema wollen wir uns wieder ein paar Beispiele von Seminarteilnehmern ansehen.

Anette und Paul:

»Ich bin froh, daß Sie eben gesagt haben, Streiten sei etwas völlig Normales. Bei uns hapert es nämlich an der Streitkultur. Wenn ich Paul kritisiere, schweigt er. Er sagt kein einziges Wort mehr, was mich zur Weißglut treibt. Ich kann machen, was ich will, er redet dann einfach eine ganze Weile nicht mehr mit mir. Das verletzt mich, und die Folge ist, daß ich mich meinerseits zurückziehe. Aber es muß doch möglich sein, etwas zu sagen, wenn mir etwas nicht paßt oder nicht gefällt.«

»Wie sieht denn Ihre Versöhnung aus?«

»Ich weiß nicht, wie lange es dauert, aber irgendwann spricht er wieder mit mir, so als wäre nichts gewesen. Mal vergehen Stunden, mal Tage. Ich habe schon versucht, dieses Thema anzusprechen, wenn wir uns gerade gut verstehen. Aber Paul winkt dann nur schnell ab und sagt: ›Ach jetzt nicht, uns geht es doch gut‹ und ›So bin ich halt, ich kann nicht anders‹. Das ist doch keine Lösung – jedenfalls für mich nicht.«

»Dann lassen Sie uns einen Blick in Ihre Drehbücher werfen, um zu sehen, was dort zum Thema Streiten und Streitkultur geschrieben steht.«

Der Crash

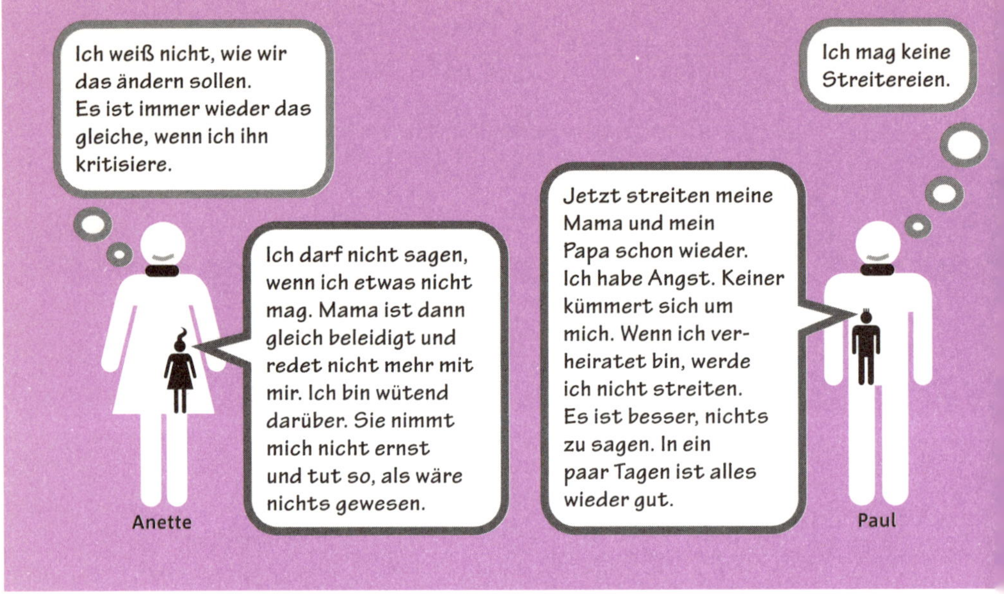

»Bei Ihrem Beispiel fällt mir folgendes Bild ein: Es ist, als hätten Sie eine Schildkröte in der Hand und wollten, daß sie ihren Kopf aus dem Panzer herausstreckt. Anstelle sie jedoch mit einem Salatblatt zu locken, hauen Sie ihr auf den Panzer. Das hat zur Folge, daß das arme Ding noch mehr Angst bekommt und sich noch tiefer unter ihrem schützenden Panzer versteckt. Anette, wie geht es Ihnen jetzt, wo Sie sehen, daß Paul Sie gar nicht ärgern möchte und seine Schweigsamkeit nicht gegen Sie gerichtet ist?«

»Ich bin bisher noch nie auf Idee gekommen, daß Paul Angst haben könnte. Er ist doch in allem mein Beschützer. Aber wenn ich unsere beiden Kellerkinder so sehe, dann kann ich gut verstehen, warum unsere Auseinandersetzungen immer auf die gleiche Art und Weise ablaufen. Ich habe selten das Gefühl, mich bei jemanden entschuldigen zu müssen … aber jetzt … Paul, es tut mir wirklich leid.«

»Auch Paul wird Ihnen sicher einiges Überraschendes zu sagen haben.«

Bernd und Eva:

»Unser Problem ist ganz klar die Versöhnung. Bernd kriegt den Satz ›Es tut mir leid‹ einfach nicht über die Lippen. Ich habe mittlerweile so viel über mein Drehbuch gelernt und weiß, daß er mein Darsteller ist. Mein Vater konnte auch nie einen Fehler eingestehen, und wenn er sich entschuldigt hat, dann nie mit Worten, sondern mit Geschenken oder Geld. Bernd macht das auch so. Er kommt mit einem Blumenstrauß an, macht mir die tollsten Geschenke oder leckersten Frühstücke der Welt. All das schätze ich auch. Doch eine verbale Entschuldigung ist nun mal etwas anderes.«

»Das kann ich verstehen. Eine Entschuldigung ist nun mal eine Entschuldigung. Wie ich höre, haben Sie Ihr Kellerkind schon ausfindig gemacht. Das ist bereits die halbe Miete. Bernd, haben Sie Lust, auch nach Ihrem Kellerkind zu schauen?«

»Ja, aber ich kann in meinem Drehbuch nichts finden. Bei uns war eigentlich alles ganz normal.«

»Es macht nichts, wenn Sie Ihr Kellerkind nicht gleich entdecken. Welche Gefühle haben Sie, wenn Eva Sie darauf aufmerksam macht, daß Sie etwas falsch gemacht, vergessen oder sie verletzt haben?«

»Ich habe Angst, verspüre einen Druck und irgendwie das Gefühl, nicht schuld sein zu wollen.«

»Fällt Ihnen dazu etwas ein?«

»Eigentlich nur eine Sache. Ich bin einmal mit meiner Schwester zum Schlittschuhlaufen gegangen. Sie ist eingebrochen und mußte für ein paar Wochen ins Krankenhaus. Meine Mutter hat mir die Schuld daran gegeben. Jetzt spüre ich auch wieder diesen Druck, genauso fühlt es sich an, wenn wir uns streiten.«

»Der kleine Bernd will nicht wieder dieses schlimme Gefühl von Schuld spüren. Bitte sagen Sie ihm, daß der Unfall seiner Schwester nicht seine Schuld war. Bringen Sie ihm solange Verständnis und Mitgefühl entgegen, bis er sich besser fühlt.«

Nach ein paar Minuten sagt Bernd: *»Mein Druck ist verschwunden. Eva, ich kann dir jetzt sagen, daß es mir leid tut, mich nie entschuldigt zu haben. Mir ist außerdem noch etwas klar geworden: Meiner Mutter ging es sehr schlecht, als meine Schwester im Krankenhaus lag. Ich konnte das nicht ertragen, und so habe ich jeden Tag etwas gemalt* *oder gebastelt, um sie wieder versöhnlich zu stimmen. Genauso habe ich mich Eva gegenüber verhalten.«*

Und was steht in Ihrem Drehbuch zum Thema Streiten?

Folgende Fragen helfen Ihnen dabei weiter:

> Was haben Sie von Ihrer Mutter / Ihrem Vater über das Streiten gelernt?
> Wie haben Ihre Eltern miteinander gestritten?
> Wie haben sich Ihre Eltern bei einem Streit verhalten?
> Worüber wurde meistens gestritten?
> Wie wurden Sie behandelt, wenn Sie sich mit einem Elternteil gestritten hatten?
> Wie haben Sie mit Ihren Geschwistern gestritten?
> Durften Sie all Ihre Gefühle zeigen?
> War es erlaubt zu schreien?
> Wie haben sich Ihre Eltern nach einem Streit versöhnt?
> War es erlaubt zu streiten?
> Wurden in Ihrer Familie »kalte Kriege« geführt?
> Wurde nach einem Streit jemand bestraft?
> Wie haben Sie sich mit Ihren Eltern wieder versöhnt?
> Wie sind Ihre Eltern mit Ihrer Wut umgegangen?
> Wie haben Sie als Kind Streitereien in Ihrer Familie erlebt?
> Was haben Sie für sich zum Thema Streiten beschlossen?
> Haben Sie Angst, nicht mehr geliebt zu werden, wenn Sie sich mit Ihrem Partner streiten?
> Wie fühlen Sie sich bei und nach einem Streit mit Ihrem Partner?
> Wer gibt zuerst nach?
> Wie versöhnen Sie sich mit Ihrem Partner?
> Haben Sie bestimmte Streitregeln entwickelt?

Mein Liebesdrehbuch:

1. Wie sehen die Einträge in Ihrem Liebesdrehbuch zum Thema Streiten und Versöhnen aus?
2. Welche Vorwürfe möchten Sie Ihrem Partner diesbezüglich gern machen?
3. Welche Gefühle und Verletzungen stehen hinter Ihren Vorwürfen?
4. Was braucht Ihr Kellerkind?
5. Welche Informationen hätten Sie als Kind gerne zu diesem Thema bekommen?
6. Welche Verhaltensweisen haben Sie von Ihren Eltern übernommen, was machen Sie anders?
7. Was wünschen Sie sich von Ihrem Partner?

Folgende Warnungen sollten Sie beachten:

- Wenn Worte wie »nie, immer, wieder, warum« und – natürlich nicht zu vergessen – das beliebte »Du« am Satzanfang auftauchen, können Sie sich ganz sicher sein: Ihr Kellerkind steht auf der Bühne!
- Wenn Sie den Eindruck haben, Sie kommen zu keiner befriedigenden Lösung für Sie beide, dann haben Sie Kellerkinderalarm!
- Wenn Sie ein schlechtes Gefühl bei einer Unterhaltung, Diskussion oder bei einem Streit mit Ihrem Partner haben, sollten Sie prüfen, wo sich Ihr Kellerkind gerade befindet – wahrscheinlich ist es nicht auf Ihrem Schoß.
- Wenn Sie oder Ihr Partner ein Ultimatum stellen, zeugt das von der Hilflosigkeit Ihrer Kellerkinder.
- Wenn Sie mit Trennung drohen, schreit Ihr Kellerkind um Hilfe.
- Treffen Sie im Streit keine Entscheidungen!

Jeder wünscht sich Nähe, Glück, Zufriedenheit – Liebe. Wußten Sie aber, daß viele Menschen gar nicht in der Lage sind, wirkliche Nähe und großes Glück auf Dauer zuzulassen? Zu viel Glück macht ihnen angst. Und so hinterfragen sie die Beziehung ständig und stellen sie auf die Probe. Jeder definiert Glück anders. Der eine ist schon glücklich, wenn er sich ein Auto leisten kann, der andere träumt davon, im eigenen Jet zu verreisen. Und was bedeutet Glück für Sie? Genügt es Ihnen schon, wenn Sie wissen, daß der Partner nicht trinkt oder nicht fremdgeht?

Jemand der 30 Jahre lang einen Opel gefahren hat, braucht bei einem Porsche Zeit, sich an das neue Gefühl von Geschwindigkeit zu gewöhnen. Dasselbe gilt für Beziehungen: Ist der neue Partner zu aufmerksam, zu zärtlich, zu liebevoll, kurz, wird das im Drehbuch eingetragene »Liebeslevel« überschritten, entstehen Verunsicherung und Angst.

Das zeigt auch das Beispiel von Johanna.

Johanna wurde an ihrem Geburtstag von ihrem Freund mit einem königlichen Frühstück im Bett und vielen kleinen Geschenken überrascht. Er bat sie, sich für den Abend besonders hübsch zu machen, denn er hätte noch eine Überraschung für sie vorbereitet. Als er sie abends mit dem Auto abholte, verband er ihr die Augen. Erst am Anlegesteg eines Sees nahm er ihr die Augenbinde wieder ab. Ein Motorboot wartete auf sie. An Bord hüllte man Johanna in kuschelige Decken, Champagner wurde serviert. Auf der anderen Seeseite hielt das Boot direkt vor einem Restaurant. Die Terrasse war mit unzähligen Kerzen und roten Rosen geschmückt.

»Ich wunderte mich, daß keine Gäste da waren, bis mein Freund mir erzählte, daß es heute außer uns beiden keine anderen Gäste geben würde. Dann kam ein Gitarrenspieler, der den ganzen Abend spanische Lieder sang. Es war einfach nur aufregend – wie in einem Märchen: ich und an meiner Seite mein Märchenprinz. Als wir wieder zu Hause waren, wollte mein Freund mit mir schlafen. Aber plötzlich konnte ich ihn irgendwie nicht mehr ertragen. Seine Nähe und Innig-

keit hat mich so bedrängt, daß ich einen Heulanfall bekommen habe. Wir waren beide völlig hilflos. Ich wußte überhaupt nicht, warum ich so eigenartig reagierte, und fühlte mich nur noch schuldig, weil ich ihm seinen Wunsch nicht erfüllen konnte.«

Einige Monate vorher hatte Johanna ihrem Freund erzählt, daß Geburtstage in ihrer Familie immer vergessen worden waren und sie das sehr verletzt habe. Seitdem könnte sie sich nie mehr so richtig auf ihren Geburtstag freuen. Ihr Freund wollte sie deshalb ein »bißchen« verwöhnen. Doch für Johanna war die Aktion zuviel des Guten, sie konnte dieses plötzliche Glück nicht aushalten.

Wird das gewohnte Maß an Glück, Nähe und Liebe überschritten, entsteht Angst. Inszenierte Crashs sind die Folge.

Dazu wird häufig ein Streit vom Zaun gebrochen, der den anderen wieder hinter die Absperrung verweisen soll. So entsteht zwischen den Partnern die Distanz, die für das Wohlbefinden nötig ist.

Christiane und Andreas:

»Unsere Freunde nennen unsere Beziehung eine ›sadomasochistische Kampfbeziehung‹. Wochenlang geht es bei uns harmonisch zu, doch dann, wie aus heiterem Himmel, streiten wir uns so heftig, daß wir hin und wieder auch an Trennung denken. Wir haben schon tausendmal über unser Problem gesprochen, doch ohne daß wir es wollen, passiert es immer wieder.«

»Was haben Sie in Ihren Liebesdrehbüchern dazu gefunden?«

»Uns ist aufgefallen, daß wir beide in unserer Kindheit viel Streit erlebt haben. In meiner Familie wurde laut und gemein gestritten, und bei Andreas gab es richtig kalten Krieg. Auch die normale, alltägliche Kommunikation unserer Eltern ließ zu wünschen übrig. Jedenfalls haben wir zwei Kellerkinder, die, was das Zwischenmenschliche betrifft, ein Trauma erlebt haben.«

»Wenn Sie nun als Erwachsene liebevoll, freundlich und zuvorkommend miteinander umgehen, bekommen Ihre beiden Kellerkinder Angst. So viele positive Gefühle können sie einfach nicht aushalten, denn in Ihren Drehbüchern sind ganz andere Informationen eingetragen. Deswegen rebellieren Ihre Kellerkinder gegen diese

Harmonie. Schließlich will der alte Schmerz an die Oberfläche befördert werden. Doch etwas haben Sie bereits bewiesen: Sie haben beide die Fähigkeit, liebevoll miteinander umzugehen. Ihnen fehlt nur noch die Nachbeelterung Ihrer Kellerkinder.« (Zum Thema Nachbeelterung siehe Seite 166.)

Sollten Sie ein Opfer von solchen Crashs sein, gibt es eine gute Nachricht für Sie: Schritt für Schritt können Sie lernen, immer mehr Nähe und gute Gefühle anzunehmen. Sie sollten dabei im Hinterkopf behalten, daß sowohl Ihr Kellerkind als auch Ihr Organismus Zeit brauchen, um sich an die hohe »Glücksdosis« zu gewöhnen. Je besser Sie mit Ihrem Kellerkind verbunden sind, desto schneller werden Sie spüren, wenn Sie Angst bekommen oder unsicher werden. Dann ist es das beste, wenn Sie es Ihrem Partner mitteilen. Beispielsweise folgendermaßen: »Ich habe gerade Angst …« oder »Ich bin unsicher, brauche ein wenig Distanz …« Oder Sie erzählen ihm, wie sich Ihr Kellerkind gerade fühlt und wovor es sich fürchtet. So verwandeln Sie das zuvor benötigte Drama in Mitgefühl und gegenseitiges Verständnis.

Mein Liebesdrehbuch:

- Wie haben Sie bisher Glück erlebt, und was steht dazu in Ihrem Drehbuch?
- Wie glücklich durfte Ihre Mutter / Ihr Vater sein?
- Wurde Ihr Glücksgefühl gebremst, nach dem Motto: »Freu dich nur nicht zu früh«?

Absichern und Erste Hilfe leisten

Für Partnerschaften gibt es keine Vollkaskoversicherung. Ihnen sollte daher klar sein, daß Sie noch einige Auseinandersetzungen erleben werden. Dies ist keineswegs ein böser Fluch, sondern einfach das Leben. Alles, was Sie Ihrem Partner im Streit sagen, sind Dinge, die sich Ihr verletztes Kellerkind damals nicht zu sagen traute. Oder es will immer noch etwas von Ihren Eltern bekommen, was Ihnen nun Ihr Partner geben soll.

Denken Sie bitte immer an folgende wichtige Grundregel:

Treffen Sie im Augenblick der Wut, der Enttäuschung, der Angst, der Traurigkeit, der Hilflosigkeit oder der Eifersucht keine Entscheidungen!

Wenn es gekracht hat, können Sie Erste Hilfe leisten. Und zwar auf folgende Weise:

- Ziehen Sie sich am besten allein an einen Ort zurück, an dem Sie sich wohl fühlen.
- Setzen Sie sich hin und malen Sie Ihre Kellerkinder auf.
- Schreiben Sie all die Vorwürfe, Gedanken und Gefühle auf, die Sie gerade empfinden.
- Machen Sie sich nochmals klar: Ihr Partner hat Sie nicht absichtlich verletzt. Sie werden vielmehr schmerzvoll mit einer bestimmten Szene Ihres Drehbuchs konfrontiert, für das Sie selbst die Verantwortung tragen.
- Fragen Sie Ihr Kellerkind, um welchen alten Schmerz es sich gerade handelt.
- Nehmen Sie Kontakt mit Ihrem Kellerkind auf und zeigen Sie ihm Verständnis, Mitgefühl, Wertschätzung und Liebe. Erbarmen Sie sich seines Schmerzes.
- Tun Sie dies so lange, bis sich ein gutes Gefühl einstellt.
- Fragen Sie Ihr Kellerkind, was es braucht und was es sich wünscht.
- Erfüllen Sie ihm seine Bedürfnisse und Wünsche mit Worten und Taten.

- Werfen Sie einen Blick in Ihr Liebesdrehbuch. Dort werden Sie feststellen, in welchen Kapiteln ein Nachschulungsbedarf besteht.
- Suchen Sie erst danach wieder das Gespräch mit Ihrem Partner.
- Erzählen Sie ihm von Ihrem Kellerkind, seinem Schmerz und was Sie im Liebesdrehbuch gefunden haben (siehe Kommunikationsregeln).
- Erklären Sie Ihrem Partner, was Sie brauchen und was Sie sich wünschen.
- Schauen Sie sich gemeinsam Ihre Liebesdrehbücher an und nehmen Sie die nötigen Veränderungen vor.

Sollten all die aufgeführten Punkte nicht zum Erfolg führen, ist das kein Grund zum Verzweifeln. Es gibt noch eine andere Lösung. Die nachfolgende Übung bietet sich immer dann an, wenn Sie an Ihrem Partner nichts Gutes mehr finden können und Sie schlichtweg das Gefühl haben, nicht mehr zu wissen, warum Sie mit diesem Mann/ dieser Frau überhaupt noch zusammen sind. So finden Sie garantiert den Weg aus der Negativspirale.

Stellen Sie sich vor, Sie stehen am Grab Ihres Partners und halten eine Rede darüber, wie er war und wie Sie sich ihm gegenüber verhalten haben.

Liebe/r ...,
ich kann mir überhaupt nicht vorstellen, daß du nun nicht mehr in meinem Leben bist. Daß du morgens, wenn ich aufwache, nicht neben mir liegst und ich deine Haut nicht spüre, dich nicht rieche. Daß ich nie mehr in deine Augen sehen kann, die mir sagen, daß du mich liebst. Du hast mich in Momenten, in denen mir überhaupt nicht zum Lachen war, zum Lachen gebracht. Ich konnte mit dir herumalbern und wieder richtig Kind sein. Ich habe durch dich gelernt, daß Streiten nicht das Ende einer Beziehung bedeutet, sondern uns immer wieder einen Schritt näher- und weitergebracht hat. Du hast mich gerade durch die Dinge, die du nicht getan hast, wachsen lassen.

Du hast Seiten aus mir herausgekitzelt, von denen ich nicht einmal wußte, daß es sie in mir gibt. Du hast mir gezeigt, daß man Probleme auch mit Diplomatie lösen kann und nicht immer mit dem Kopf durch die Wand gehen muß. Deine Geduld hat mich oft zur Weißglut gebracht, aber auf der anderen Seite hat sie mir auch Sicherheit gegeben. Ein anderer Partner hätte bestimmt das Handtuch geworfen, weil ich so oft launisch war. Du hattest die Gabe, in allem etwas Positives zu sehen. In Krisen und Schwierigkeiten warst du stark und verläßlich, und gleichzeitig gab es immer diese sensible Seite in dir, die ich über alles liebte. Du konntest offen über deine Gefühle reden und warst sehr ehrlich in deinen Ausführungen. Jede Unternehmung, die wir zusammen gemacht haben, war für mich ein Abenteuer, das ich in vollen Zügen genossen habe. Ich habe deine Fähigkeit, dich nach einem Streit zu entschuldigen, und deine Bereitschaft, nach gemeinsamen Lösungen zu suchen, geliebt. Meine Freunde haben dich sehr gemocht. Du hast dich anderen Menschen gegenüber immer mit Respekt und Achtung verhalten und bist niemals nachtragend gewesen, selbst wenn man dich sehr verletzt hatte. Du hast dich und deine Bedürfnisse oft für mich zurückgestellt und immer versucht – soweit es ging – jedem gerecht zu werden. Ich konnte mit dir über alles reden. Selbst wenn dich manches gelangweilt hat, hast du mir das Gefühl gegeben, daß es dich interessiert. Du warst allen neuen Dingen gegenüber immer aufgeschlossen und hast nie Angst gehabt, etwas Neues zu lernen oder auszuprobieren.

Ich habe oft sehr impulsiv reagiert, was dich in manchen Momenten verunsichert und dir manchmal auch angst gemacht hat. Es gab Augenblicke, in denen ich wider besseres Wissen gehandelt habe. Ich habe dir für Dinge, für die du nichts konntest, die Schuld in die Schuhe geschoben. Ich habe oft geschwiegen, wenn ich hätte reden sollen. Ich hätte vor allem mit dir reden müssen, wenn du das Gespräch mit mir gesucht hast. Ich habe dir viel zu selten gesagt, daß ich dich liebe und mit dir zusammensein und -bleiben will. Ich hätte dir viel mehr zeigen müssen, daß ich dich begehre. Statt dessen habe ich dir sehr weh getan und dich mit Worten verletzt, ja, meine Angst wichtiger genommen als meine Liebe. Ich schäme mich dafür und kann jetzt nur noch sagen, es tut mir leid ...

Auch wenn Sie manches anders formulieren, wird Sie diese Übung sehr leicht aus Ihrem Gefühlsstau herausholen. Die Ansprache hilft Ihnen, wieder die positiven Seiten Ihres Partners zu sehen. Erst dann können Sie mit der Ersten Hilfe fortfahren.

Die Notfallbox

Im Auto ist ein nach bestimmten Richtlinien ausgestatteter Erste-Hilfe-Kasten Pflicht. So eng sehen wir das hier nicht, doch es hat sich als sehr hilfreich erwiesen, auch eine Notfallbox für den Beziehungsverkehr bereitzuhalten.

Das Beispiel von Charlotta und Norbert zeigt, wie eine »Notfallbotschaft« aussehen kann.

»Normalerweise trage ich unsere Beziehungsprobleme nicht nach außen. Doch nach einem wirklich schlimmen Streit habe ich mich einer Freundin anvertraut. Die sagte: ›Alles was du mir gerade erzählst, hört sich so an, als wäre Charlotta deine Feindin und nicht die Frau, die du liebst.‹ Das hat mich sehr nachdenklich gemacht. Ich habe mit Charlotta darüber geredet. Daraufhin hat sie im Küchenschrank einen Zettel angebracht. Darauf steht: ›Wir sind keine Feinde! Wir lieben uns so sehr, daß wir uns so schlimm verletzen müssen!‹ Falls es zu einer Auseinandersetzung kommt, bemüht sich jeder von uns, so schnell wie möglich die Schranktür zu öffnen. Das hat uns schon vor so manchem heftigen Streit bewahrt.«

Und wie könnte Ihre Notfallbox aussehen? Enthält sie vielleicht auch eine Notfallbotschaft? Viele Paare haben sich Ihre Kellerkinder in Form von Puppen gebastelt oder gekauft. Wenn es kracht, holen sie die Kellerkinder-Puppen hervor, mit denen sie die Situation leichter entschärfen können, denn wer kann dann noch schimpfen oder böse sein? Je mehr Sie sich mit Ihrem Partner über Ihre Kellerkind-Verletzungen austauschen, umso eher werden Sie Ihre beiden Kellerkinder auch wahrnehmen. Wenn Sie das Gefühl haben, daß die

Worte, die Ihr Partner Ihnen gerade sagt, bei Ihnen nicht ankommen, steht gerade sein/ihr Kellerkind auf der Bühne. Zögern Sie nicht, Ihren Partner zu fragen, ob er gerade Kellerkindalarm hat. Teilen Sie ihm umgekehrt ebenfalls ohne Umschweife mit, wenn Ihr Kellerkind aktiv ist. Eine weitere Notfallmaßnahme besteht darin, sich im Augenblick der Verletzung zu fragen, wie man sich verhalten würde, wenn man das gleiche Problem mit einem Freund oder einer Freundin hätte?

Grundsätzlich sind Notfallmittel jeglicher Art erlaubt. Sie können auch das weiße Taschentuch schwingen.

In eine Notfallbox gehört natürlich auch ein Regelverzeichnis für einen fairen Crash. Darin könnten folgende Leitlinien stehen:

> Jeder verpflichtet sich, schnellstmöglich die Schranktür zu öffnen, und zu versuchen, den Crash noch abzuwenden.
> Körperliche Angriffe sind strikt verboten.
> Das blaue Porzellan, die Vase von Tante Erna und der Bierkrug vom Oktoberfest dürfen nicht angerührt werden.
> Wir sind Menschen und haben es nicht nötig, uns mit Tiernamen zu bezeichnen.
> Angriffe auf die Feigenblätter (Verletzlichkeiten) des anderen sind strengstens untersagt.
> Bei einem Crash verläßt niemand ohne Absprache die Unfallstelle.
> Machtspiele und psychologische Erpressungen werden mit ... Euro in die Streitkasse bestraft.
> Die Vergangenheit bleibt da, wo sie ist.
> Wenn unsere Kellerkinder eine Vorstellung geben, brauchen wir kein weiteres Publikum.
> Um unsere Unfälle kümmern wir uns selbst. Der freundschaftliche Hilfsdienst wird nur gerufen, wenn wir beide es wollen.
> Eine adäquate Versöhnung ist Pflicht.
> Ich habe diese Regeln gelesen und bin bereit, sie für unsere Partnerschaft anzuwenden. Dafür bürge ich mit meiner Unterschrift.

Lassen Sie nun Ihrer Kreativität freien Lauf und füllen Sie Ihre Notfallbox mit allerlei nützlichen Mitteln und Strategien auf.

Die Schuldfrage

Ein Unfall ohne Schuldfrage – im Grunde undenkbar. Wer hat sich falsch verhalten, wer die Regeln mißachtet? Im Straßenverkehr ist die genaue Klärung dieser Fragen enorm wichtig, um später den Schaden ordnungsgemäß regulieren zu können. Doch was ändert sich im Beziehungsalltag, wenn Sie nach dem/der Schuldigen suchen? Nichts – allenfalls erfahren Sie einen Moment Genugtuung. Das eigentliche Problem aber, der Schmerz Ihres Kellerkindes, wird damit nicht gelindert, Ihr Drehbuch deshalb noch lange nicht umgeschrieben.

Die folgenden Beispiele zeigen, daß Schuldzuweisungen uns nicht weiterhelfen.

Therese:

»Ich kann das nicht so richtig glauben. Wenn ich Sie richtig verstanden habe, soll es allein mein Problem sein, wenn ich mich sorge, weil mein Mann mich nicht anruft, wenn er später nach Hause kommt? Wenn ich mich schlecht fühle, weil er mitten im größten Streit am liebsten zum Sport geht? Und das steht alles so in meinem Drehbuch? Habe ich etwa schuld?«

»Stopp! Keiner hat etwas davon, wenn Sie Ihrem Mann oder sich selbst die Schuld an etwas geben. Und wenn Sie wissen, welche Verletzungen in Ihrem Drehbuch vermerkt sind, kommen Sie auch nicht weiter, Ihre Eltern dafür verantwortlich zu machen. Nach Schuldigen zu suchen, wird Sie nur in eine weitere Sackgasse führen. Als Kind waren Sie Opfer. Sie hatten damals nicht die Möglichkeit zu gehen, wenn Sie sich schlecht behandelt fühlten. Doch heute sind Sie ein erwachsener Mensch und durchaus in der Lage, Entscheidungen zu treffen, wenn Sie mit einer Situation nicht einverstanden sind. Wir müssen erkennen, daß wir alle unserem Liebesdrehbuch entsprechend agieren. Erst dann können wir in einem weiteren Schritt Lösungen finden.«

»Das leuchtet mir ein, doch macht es das Ganze für mich nicht einfacher. Es ist viel leichter, jemandem die Schuld an etwas zu geben, als sich mit sich selbst auseinanderzusetzen.«

Dani und Chloe:

»Wir haben zwei Kinder, ein Baby und ein Vierjähriges. Ich bin in Gedanken einige Situationen durchgegangen und mir graut schon vor dem Tag, an dem sie sagen werden, ›Mama das ist deine Schuld‹.«

»Als Eltern können Sie Ihren Kindern nur das geben, was Sie selbst zur Verfügung haben. Es wird nie eine perfekte Elternschaft geben. Sie können sich allerdings dazu entscheiden, bewußt zu handeln. Um die Einzigartigkeit und die individuellen Bedürfnisse Ihres Kindes wahrnehmen zu können, müssen Sie sich zuerst um Ihr Kellerkind kümmern und für Ihren alten Schmerz die Verantwortung übernehmen. Dann bekommen Ihre Kinder ganz automatisch das, was ihnen guttut. Sie kennen doch alle das folgende Phänomen: Das, was man als Kind selbst nicht bekommen hat, versucht man später seinen Kindern zu geben und zu ermöglichen. Können Sie aber mit Sicherheit behaupten, daß Ihr Kind genau das braucht? Ihr Verhalten wird von Ihren eigenen Erfahrungen gesteuert – Sie hätten das, was Sie Ihrem Kind geben, damals gebraucht, als Sie selbst noch ein Kind waren.

Sie können mir glauben, daß es Zeiten gab, in denen auch ich lieber davonrennen wollte, als mich der Verantwortung für die kleine Katja zu stellen. Doch irgendwann habe ich zum Glück begriffen, daß ich fortfahren würde, meine alten Dramen zu inszenieren, solange ich einen Schuldigen für meine frühen Verwundungen suchte und fand. Ich habe deshalb beschlossen, für jede Darstellung, die mein Partner auf der Bühne übernimmt, dankbar zu sein, denn auf diese Weise führt er mir meine alten Verletzungen wieder vor Augen. Aber es war auch für mich nicht immer easy.

Behandeln Sie Ihre Beziehung nicht wie einen Kriminalfall, bei dem geklärt werden soll, was und wer »gut« oder »böse« ist, be-

ziehungsweise wer bei einer Auseinandersetzung die Schuld hat. Ihr Partner ist nicht Ihr Feind, sondern hat Ihnen vielmehr geholfen, Ihren alten Schmerz sichtbar zu machen.

Die Simply-Love-Nachbeelterung – die Nachschulung

Der Mensch, der Ihrem Kellerkind am nächsten ist, muß für dessen Wohlbefinden die Verantwortung übernehmen. Und dieser Mensch ist niemand anderer als Sie selbst!

Sehen Sie sich Ihre Antworten zu der Frage »Was wünschen Sie sich von Ihrem Partner?« an. Sie sind der Schlüssel für Ihre »Nachbeelterung«, denn sie beschreiben all das, was sich der kleine Junge beziehungsweise das kleine Mädchen in Ihnen immer noch wünscht.

Öffnen Sie Ihr Herz dafür:

- Ein Kind, das sich nicht angenommen fühlt, braucht jemanden, der es auf der Erde willkommen heißt – genauso, wie es ist.
- Ein Kind, das sich nicht geliebt fühlt, braucht jemanden, der ihm das Gefühl gibt, geliebt zu werden.
- Ein Kind, das traurig ist, braucht jemanden, der es in den Arm nimmt und tröstet.
- Ein Kind, das wütend ist, braucht jemanden, der bei ihm bleibt und seine Wut aushält.
- Ein Kind, das eifersüchtig ist, braucht jemanden, der es versteht.
- Ein Kind, das Angst hat, braucht jemanden, der es so lange hält, bis es sich wieder sicher fühlt.
- Ein Kind, das haßt, braucht jemanden, der zu ihm steht und ihm seinen Haß erlaubt.
- Ein Kind, das Angst hat, etwas falsch zu machen, braucht jemanden, der es unterstützt und bestärkt.
- Ein Kind, das Irrtümern unterliegt, braucht jemanden, der diese richtig stellt.

- Ein Kind, das glaubt, etwas tun zu müssen, um Liebe zu empfangen, braucht jemanden, der ihm Liebe schenkt.
- Ein Kind, das sich vernachlässigt fühlt, braucht jemanden, der ihm Zeit und Aufmerksamkeit schenkt.
- Ein Kind, das sich schämt, braucht jemanden, der ihm erklärt, daß es dafür keinen Grund gibt.
- Ein Kind, das sich schuldig fühlt, braucht jemanden, der es für unschuldig erklärt.
- Ein Kind, das glaubt, es sei für seine Eltern verantwortlich, braucht jemanden, der es von dieser Last befreit.
- Ein Kind, das seinen Körper und seine Sexualität nicht liebt, braucht jemanden, der ihm die Erlaubnis dazu gibt.
- Ein Kind braucht einen gesunden und wertschätzenden Glauben, was Frauen, Männer, die Ehe, die Familie, die Liebe, das Geld und sich selbst anbelangt.
- Ein Kind braucht das Gefühl, daß es einzigartig ist und daß es sein Leben so gestalten darf und soll, wie es für sein Leben richtig ist.

So wird praktisch nachbeeltert:

Bei der Nachbeelterung sollten Sie Ihrer Phantasie freien Lauf lassen. Alles was heilt, ist erlaubt. Haben Sie keine Kindergeburtstage erlebt, veranstalten Sie welche! Haben Sie nicht genug Zärtlichkeit erhalten, schenken Sie sich selbst jeden Tag eine Kuschelstunde! Wurde Ihnen zu wenig Aufmerksamkeit entgegengebracht, nehmen Sie sich nun jeden Tag ausreichend Zeit für Ihr Kellerkind! Sie können alles tun, was Ihnen Spaß macht.

Nur eines sollten Sie bedenken: Gestalten Sie alles, was Sie unternehmen, kindgerecht! Gehen Sie in den Zoo, anstatt in einen Club. Gehen Sie mit Ihrem Kellerkind in den Wald, anstatt auf den Golfplatz. Wenn Sie bewußt etwas für Ihre Nachbeelterung tun wollen, sollten Sie sich fragen: »Würde das einem Kind Spaß machen?« Und die beste Reaktion auf diese Frage ist stets ein warmes, wohliges Gefühl, das Ihr Kellerkind Ihnen vermittelt.

Wenn es bei der Nachbeelterung hingegen Dinge gibt, bei denen Sie Unterstützung brauchen, fragen Sie Ihren Partner oder auch

Freunde, ob Sie Ihnen helfen können – sie haben ja schließlich auch alle ein Kellerkind.

Die beiden folgenden Beispiele zeigen, wie ein Partner den anderen unterstützen kann:

Inas Kellerkind konnte sich nicht daran erinnern, daß Ihr Vater jemals zärtlich zu ihr gewesen wäre. Eines Tages sah sie ihrem Freund dabei zu, wie er seine kleine Tochter badete. Da erkannte sie ihren Schmerz und bat ihren Freund, sie auch einmal zu baden, ihr die Haare zu waschen und ihr den Rücken einzuseifen. Sie wollte eine wirklich liebevolle Behandlung erfahren.

Eine Anmerkung möchte ich an dieser Stelle gerne machen: Legen Sie einen genauen Zeitrahmen (zum Beispiel eine Stunde) für das Ritual fest. Wichtig ist auch, daß solche Rituale nicht in Sex ausarten dürfen. Kinder haben keinen Sex.

In Roberts Familie gab es keine Feierlichkeiten noch andere Rituale, so daß er für sich ein Willkommensritual kreierte, das er mit seiner Freundin durchführte. Es machte den beiden solchen Spaß, daß bald darauf inszenierte Kindergeburtstage, Weihnachtstage und Osterfesttage folgten. Alles wurde natürlich kindgerecht gestaltet und viele Freunde wurden eingeladen, die alle großen Spaß daran hatten, wieder einmal wie Kinder feiern zu können.

Eine wirksame Methode zur Nachbeelterung ist das Briefeschreiben. Wenn es noch irgend etwas gibt, was Ihnen auf Ihrer Kinderseele lastet, können Sie Ihren Eltern einen Brief schreiben, den Sie nie abschicken, aber dessen Botschaft Sie auf diese Weise auch nicht mehr in sich einsperren.

Oder Sie lassen mal richtig Dampf ab. Ich habe die Erfahrung gemacht, daß es vielen Menschen schwerfällt, Ihren Haß oder Ihre aufgestaute Wut rauszulassen. Falls das auch bei Ihnen der Fall sein sollte, gehen Sie doch einfach mal in den Wald, und üben Sie zu schreien! Auch das Auto eignet sich hervorragend dazu, um endlich mal laut zu werden. Machen Sie richtig Krach oder hacken Sie Holz.

Eine andere Übung wird von mir als »Der heiße Stuhl« bezeichnet: Setzen Sie sich mit Ihrem Kellerkind auf einen Stuhl und stellen Sie sich gegenüber einen weiteren hin. Auf diesen Stuhl projizieren Sie gedanklich nun Vater, Mutter, Geschwister oder Onkel Paul. Und dann geht es los: Geben Sie Ihrem Kellerkind die Erlaubnis, all das zu sagen, was es immer noch auf dem Herzen hat und notieren Sie dies. Ihre Vorwürfe sind die Dinge, die nach wie vor auf Ihrer Kinderseele lasten. Lassen Sie sie frei und verbrennen Sie danach den Zettel mit Ihren Notizen. Wenn Sie möchten, können Sie zuvor noch die Gegenprobe machen: Nehmen Sie auf dem anderen Stuhl Platz und fühlen Sie, was Ihr Gegenüber jetzt zu sagen hätte.

Eine weitere Möglichkeit, um Ihre Nachbeelterung zu starten, besteht darin, sich vorzustellen, selbst die Mutter / der Vater dieses kleinen Kindes zu sein. Überlegen Sie, was Ihr Kellerkind von Ihnen braucht und was Sie ihm geben können. Schreiben Sie ihm dann darüber einen Brief.

Und das ist mein Brief an Sie und Ihr Kellerkind:

Liebes Kellerkind,
es ist wundervoll zu wissen, daß Du auf dieser Welt bist. Selbst dann, wenn Du das Gefühl hast, Du bist nicht wirklich erwünscht und geliebt worden – jedenfalls nicht so, wie Du es verdient und gebraucht hättest. Du bist in jeder Hinsicht einzigartig. Es gibt niemanden, der so aussieht wie Du, der so denkt wie Du, der so fühlt wie Du. Auf all Deine schönen und auch auf Deine schmerzlichen Gefühle hast Du ein Recht. Sie zeigen, daß Du lebendig bist. Es gibt niemanden mehr, der Dich bestraft, der gegen Dich ist, der Dich auslacht, Dir nicht geben will, was Du brauchst oder Dich verletzt. Das ist Vergangenheit. Du darfst beginnen, Dich in Deinem Körper wohlzufühlen. Du darfst Deine Lust und Deine Lebendigkeit ausleben, mit jeder Zelle Deines wunderschönen und einzigartigen Körpers. Freue Dich, daß Du genauso bist, wie Du bist. Natürlich darfst Du Dich noch unsicher und ängstlich fühlen, wenn Du all die neuen Dinge ausprobierst. Aber vertraue mir, ich weiß, daß es ab sofort jemanden gibt, der sich um Dich kümmern und Dir helfen wird, all das zu entdecken, was für Dich wichtig und

richtig ist. Der Dir beistehen wird, Deinen alten Glauben, den Du von Frauen, Männern, Familie, Ehe, Kindern, Sexualität und Liebe hast, neu zu definieren.
In Liebe für Dich und Deine neuen Eltern

Und hier noch einmal die Simply-Love-Strategie® im Überblick:

1. Schritt: Liebesdrehbuch anschauen
2. Schritt: Erwachsenen mit Kellerkind zeichnen
3. Schritt: Gefühle, Gedanken, Vorwürfe aufschreiben
4. Schritt: Halskrause entfernen (Sie erinnern sich?) und Kontakt mit Ihrem Kellerkind aufnehmen
5. Schritt: Gefühl identifizieren und dann Kellerkind mit seinem Gefühl annehmen
6. Schritt: Kellerkind befragen: Was hättest du damals gebraucht? Was hättest du dir damals gewünscht?
7. Schritt: Versprechen geben: Alles, was du brauchst, gebe ich dir mit Worten und Taten!

Auflösen der Unfallstelle

Um sich ganz bewußt von Ihren alten Verhaltensweisen zu verabschieden, empfiehlt es sich, an diesem Punkt ein Ritual durchzuführen: Verfassen Sie ein Kündigungsschreiben für Ihren Darsteller.

Es könnte folgendermaßen aussehen:

Liebe/r ...,
ich habe Dir in den Jahren unserer Beziehung immer wieder Vorwürfe gemacht: Du würdest mir nicht zuhören, Du würdest mich nicht ernst nehmen, Du würdest dich nicht ausreichend um unsere Beziehung kümmern und so weiter. Ich hatte das Gefühl, ich müßte um Deine Zuneigung und Deine Liebe kämpfen und mich so verhalten, wie Du mich haben willst, damit Du mich liebst. Ich glaubte, ein Streit würde das

Ende unserer Beziehung bedeuten. Ich forderte Beweise für Deine Liebe, konnte sie aber trotzdem nicht fühlen; so forderte ich mehr und mehr. Wenn ich verletzt war, habe ich Dir diese Wunden nicht gezeigt, sondern bin aggressiv oder trotzig geworden, habe mich zurückgezogen, um Dich zu bestrafen. Ich habe Dich für meine Gefühle, meine Angst, meine Verletzungen, meine Eifersucht, meine Wut, meinen Rückzug, meine Ablehnung verantwortlich gemacht. Ich habe das nicht aus böser Absicht, sondern aus Unwissenheit getan. Ich habe verstanden und begriffen, daß unsere ganzen Konflikte, die wir in der Vergangenheit ausgetragen haben, auf unsere Drehbücher zurückzuführen sind. Ja, mir ist klargeworden, daß die Auseinandersetzungen mir erst die Möglichkeit geben, mein Kellerkind überhaupt zu sehen. Ich bin für mein Kellerkind verantwortlich und Du für Deines. Genauso gilt: Ich bin nicht für Dich verantwortlich und Du nicht für mich.

Ich habe Dich lange als meinen Darsteller in meinem Liebesfilm »Die Sucht nach Liebe um jeden Preis« gebucht, und Du hast diese Rolle wirklich perfekt gespielt.

Doch heute ist der Tag, an dem ich die Verantwortung für meine Gefühle übernehmen werde. Ich will mich künftig voll und ganz um mein Kellerkind kümmern. Ich danke Dir deshalb für Dein bisheriges Engagement, doch nun ist es höchste Zeit, Dich zu entlassen. Ich werde Dir in naher Zukunft mein neues Drehbuch präsentieren und wünsche mir, daß Du Deine Rolle genauso gern annehmen und spielen wirst wie in der Vergangenheit. Ich hoffe, es wird Dir gefallen.
In Liebe und Dankbarkeit
...

Nachsatz:
Sollte es künftig nochmal vorkommen, daß ich Dich als Darsteller für eine Szene aus meinem alten Drehbuch buche, danke ich Dir jetzt schon dafür, daß Du mir hilfst, eine meiner alten Verletzungen ans Licht zu bringen. Genauso werde ich bereit sein, Dir meine Dienste weiterhin zur Verfügung zu stellen.

Und nun sind Sie an der Reihe, Ihre Kündigung zu schreiben. Nur zu, spielen Sie ein wenig mit Ihrer Phantasie! Suchen Sie einen Titel für Ihr altes Drehbuch und überreichen Sie Ihrem Partner Ihr Kündigungsschreiben!

Sollten Sie Schwierigkeiten haben, diesen Brief zu formulieren, weil Sie zum Beispiel spüren, daß Sie immer noch wütend sind, dann ist das kein Beinbruch! Sondern der Hinweis, daß Ihr Kellerkind noch nicht vollständig nachbeeltert ist und die alten Verletzungen noch nicht richtig abgeheilt sind.

Gelernt – geprüft – bestanden

Wenn Sie ein Auto gekauft oder geleast haben, besteht immer noch die Möglichkeit, es wieder zu verkaufen oder umzutauschen.

Wenn Sie bisher durchgehalten haben, dann kann ich davon ausgehen, daß Sie die Probleme, mit denen Sie bisher in Ihrer Beziehung konfrontiert wurden, mittlerweile gelöst haben. Ihr Kellerkind fühlt sich nun wohl auf Ihrem Schoß, über den Inhalt Ihrer Liebesdrehbücher sind Sie unterrichtet, und die Kündigungen sind geschrieben. Sie haben sich mit Ihrer Vergangenheit auseinandergesetzt, sie geklärt und akzeptiert, so daß sie jetzt das ist, was sie ist: Vergangenheit!

Nun meine Frage: Wollen Sie sich erneut für Ihren Partner entscheiden und mit ihm zusammenbleiben? Können und wollen Sie mit »Ja« antworten? Oder sagt Ihnen Ihr Gefühl eher »ja, aber«?

Falls das der Fall ist, sollten Sie Ihren Gefühlen freien Lauf lassen:

Ich möchte mit dir zusammen sein, aber

Sehen wir uns dazu das Beipiel von Rüdiger an.

»Ich spüre irgendwie, daß ich kein überzeugtes Ja zu Marion sagen kann. Eine Stimme in mir sagt so richtig trotzig, ›Ich will nicht, nein, nein, nein‹.«

»Dann sollten wir uns den kleinen Rüdiger noch einmal genauer anschauen. Seien Sie nicht so streng mit ihm, es gibt einen guten Grund, weshalb er sich derart sträubt. Nehmen Sie Kontakt mit ihm auf und gestehen Sie ihm seine Gefühle zu. Bringen Sie ihm Verständnis entgegen.«

»Er sitzt mit verschränkten Armen da und sagt immer nur ›Nein, nein, nein‹.«

»Fragen Sie ihn, was er von der Liebe hält!«

»Das tut nur weh, macht traurig, bringt eine Menge Streit. Ich will das nicht, Frauen nutzen dich aus. Ach laßt mich doch alle in Ruhe, ich hasse euch.«

»Versuchen Sie, den Haß des kleinen Rüdiger zu verstehen. Ich möchte dem Kleinen gern etwas sagen: ›Weißt du eigentlich, wieso du hassen kannst? Das kannst du nur, weil du jemanden mal ganz doll geliebt hast. Von dem bist du enttäuscht worden, und dann ist deine Liebe in Haß umgeschlagen.‹«

»Der kleine Rüdiger schaut auf einmal auf. Er wird ganz traurig und meint: ›Das ist richtig. Ich habe alle geliebt – meine Schwester, meine Mama, meinen Papa, meine Oma. Ich habe sie alle so sehr geliebt, und alle haben mir weh getan. Am meisten die Frauen. Die sind doch alle gleich.‹«

»Ist Marion denn auch so?«

»Ja, manchmal ist sie ungerecht. Sie nörgelt und will immer etwas anderes von mir. Das ist mir zu anstrengend. Ich mußte mich schon früher immer um die ganzen Frauen kümmern, weil mein Vater nicht für sie da war.«

»Rüdiger, wenn Sie jetzt als erwachsener Mann zu dem kleinen Rüdiger gehen, ihn auf den Arm nehmen und sich vorstellen, daß auch alle Frauen und Ihr Vater zugegen sind, was passiert dann?«

»Dann rückt mein Vater auf einmal an meine Stelle und steht vor den Frauen.«

»Und wie fühlen Sie sich jetzt?«

»Irgendwie erleichtert. Ich sehe jetzt, daß ich viele Glaubenssätze und Verhaltensweisen Frauen gegenüber von meinem Vater übernommen habe. Im Grunde bin ich aber anders. Ich merke, daß ich eigentlich vieles an Frauen mag.«

»Und wie geht es dem kleinen Rüdiger?«

»Der ist ganz vergnügt und freut sich. Und was ich am allerschönsten finde, ist, daß ich jetzt so eine intensive Liebe zu Marion spüre. Unglaublich, wie stark sie ist.«

Dieses Beispiel macht deutlich, daß Rüdiger noch etwas nachzubeeltern hatte.

Erst in dem Augenblick, in dem Sie sich selbst bedingungslos annehmen, lieben und zu sich sagen können: »Ja, ich will mich«, sind Sie in der Lage, Ihrem Partner ohne Wenn und Aber zu verkünden: »Ja, dich will ich! Ja, ich will dich!«.

Der Totalschaden

Es kommt auch vor, daß den Partnern trotz aller Überlegungen und Bemühungen keine andere Wahl bleibt, als auseinanderzugehen. Bei einem kleinen Prozentsatz von Paaren ist eine Trennung die beste Lösung, und zwar in folgenden Fällen:

- wenn einer der Partner bereits »gekündigt« hat
- wenn mindestens einer nicht bereit ist, etwas dazuzulernen
- wenn einer die bestehenden Probleme nicht sehen will
- wenn ein Partner vom anderen etwas Unmögliches verlangt (zum Beispiel sexuelle Praktiken, die gegen dessen Wertesystem verstoßen)
- wenn die Lebensplanungen zu unterschiedlich sind (wenn einer zum Beispiel keine Kinder möchte, der andere aber schon)

In all diesen Fällen wird schnell deutlich, daß es keine gemeinsame Vision für eine Partnerschaft gibt.

Leider gibt es aber immer wieder Paare, die bei einer Trennung »schmutzige Wäsche« waschen. Es wird schlecht über den anderen geredet, und ungelöste Konflikte werden über die Kinder oder Geld ausgetragen.

Sollten Sie mit einer Trennung konfrontiert sein, rate ich Ihnen, sich folgendes klarzumachen:

- Sie haben sich gegenseitig als Darsteller Ihrer Liebesfilme gebucht.
- Jeder, der sich im Beziehungsverkehr bewegt, hat irgendwo seine »Macken«.
- Jeder von Ihnen konnte vom anderen viel lernen.
- Sie hatten auch schöne Zeiten.
- Der Vertrag, Eltern zu sein, bleibt für Sie ein Leben lang bestehen, selbst wenn Sie nicht mehr als Paar zusammen sind.

Vollziehen Sie Ihre Trennung bewußt. Beenden Sie die Kritik am anderen. Verzeihen Sie sich gegenseitig. Schauen Sie sich an, was Sie voneinander gelernt haben. Bedanken Sie sich beim anderen für die gemeinsame Zeit.

Ihre Worte und Gedanken zum Abschied von Ihrer Partnerschaft könnten beispielsweise so lauten:

Lieber ...,
wir haben eine schwierige und harte Zeit durchgemacht. Es gab Zeiten, in denen ich dich geliebt, und Zeiten, in denen ich dich gehaßt habe. Nun sind wir an einem Punkt angelangt, wo ich mich endlich entscheiden muß. Ich möchte Kinder, und es schmerzt mich zutiefst, daß du dich nicht dafür entscheiden kannst, mit mir eine Familie zu gründen. Doch, wie du weißt, tickt meine biologische Uhr, und ein Leben ohne Kinder ist für mich unvorstellbar. Ich hätte gerne eine Familie mit dir als Vater gehabt ... Aber ich muß deine Entscheidung

akzeptieren. So schwer es mir fällt. Ich habe sehr viel Schönes mit dir erlebt. Du hast mir gezeigt, daß ein Streit nicht das Ende einer Beziehung bedeutet. Ich habe durch dich erfahren, daß es möglich ist, über alles zu reden, daß ich mich so zeigen kann, wie ich bin, ohne abgelehnt zu werden. Ich hatte in den ganzen letzten Monaten Angst, mich von dir zu trennen, weil ich immer noch hoffte, daß du dich umentscheiden würdest. Doch ich habe erkannt, daß diese Angst und auch die Hoffnung Bestandteile meines Drehbuchs sind. Mein Kellerkind kennt den Schmerz, etwas nicht zu bekommen, egal was es dafür tut, nur allzu gut. Ich danke dir von ganzem Herzen, daß du mir geholfen hast, mir die Ursache dieses Schmerzes bewußt zu machen. Ich habe begriffen, daß es jetzt meine Verantwortung ist, meinem Herzen und meinem Wunsch zu folgen, mir einen Partner zu suchen, mit dem ich eine Familie gründen kann. So fällt es mir nun auch viel leichter, dich zu verstehen und deine Entscheidung zu akzeptieren. Ich danke dir für all die Liebe, die du mir in unserer gemeinsamen Zeit gegeben hast. Ich möchte keine Minute missen, denn unser Zusammensein hat mich zu dem Menschen gemacht, der ich heute bin. Ich wünsche dir für deine Zukunft alles Liebe.

Liebe ...,
ich bin traurig, daß wir das, was wir bisher aufgebaut haben, nun beenden. Ich blicke auf einige nervtötende, aber auch auf viele wunderschöne Momente zurück. Ich hatte in dir eine Partnerin, die mich so geliebt hat, wie ich bin, und eine Toleranz an den Tag gelegt hat, von der wahrscheinlich viele andere Männer in ihren Beziehungen nur träumen können. Ich liebe dich. Es schmerzt mich deshalb um so mehr, daß es – abgesehen vom Kinderthema – nichts gibt, weshalb ich unsere Beziehung beenden würde. Doch genauso, wie ich eine Entscheidung für mein Leben getroffen habe, nämlich keine Kinder in diese Welt zu setzen, muß ich deine Entscheidung, eine Familie zu gründen, akzeptieren. Du hast mir geholfen, offen über meine Gefühle zu reden. Das kannte ich zuvor nicht. Ich bin dir dankbar, daß du mich klar mit deinem Wunsch nach Familie konfrontiert hast. So kann ich jetzt meinem Leben eine neue Richtung geben und meine Zukunft neu planen. Ich wünsche dir von ganzem Herzen und mit all der Liebe, die

ich für dich empfinde, daß dein Wunsch in Erfüllung geht. Obwohl es mir schon sehr weh tut.
Dein ...

Eine Trennung muß nicht zwangsläufig bedeuten, daß Sie alle Gefühle, die Sie für Ihren Partner hegen, sofort aufs Abstellgleis rangieren müssen. Selbst wenn die Trennung vollzogen ist, wird die Liebe, die Sie noch in Ihrem Herzen spüren, auch dort bleiben. Wieso auch nicht?

Teil V
Verantwortungs-bereich

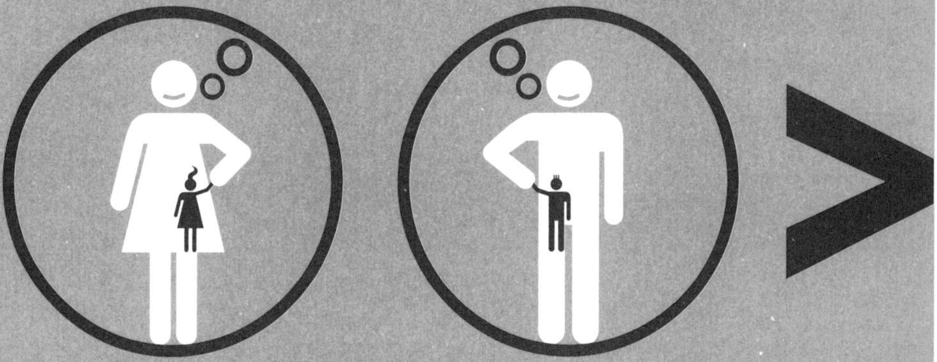

Da bist du
mit deinen
Stärken
Schwächen
Freuden
Ängsten
Ideen
Stimmungen

Du
mit deiner Alltäglichkeit
Laschheit
Gleichgültigkeit
deinem Überschwang

Du
mit deiner Zuneigung
Wut
Zärtlichkeit
deinem Haß

Du mit deinem Körper
und mit deiner Lust
Du mit deiner Liebe
Du bist verantwortlich für
dich

Da bin ich
mit meinen
Stärken
Schwächen
Freuden
Ängsten
Ideen
Stimmungen

Ich
mit meiner Alltäglichkeit
Laschheit
Gleichgültigkeit
meinem Überschwang

Ich
mit meiner Zuneigung
Wut
Zärtlichkeit
meinem Haß

Ich mit meinem Körper
und meiner Lust
Ich mit meiner Liebe
Ich bin verantwortlich für
mich

Das kann dir und mir niemand abnehmen
wir
sind für-ein-ander
verantwortlich
daß du du sein kannst daß ich ich sein kann
damit wir wir sind
ganz wir
ganz nah
ganz fern
oder dazwischen
jedenfalls ehrlich

Wenn es uns gelingt, uns auf diese Weise
auf-ein-ander zu beziehen
du + ich
=
wir

Autor unbekannt

Ich

Nahtlos möchte ich an das Gedicht anknüpfen. Wie sieht es denn mit Ihren Wünschen aus? Ich meine jetzt nicht die Kellerkinderwünsche, die Sie schon bearbeitet haben, sondern das, was Sie sich von Ihrem Partner in Zukunft wünschen.

Ich wünsche mir von meinem Partner, daß:

- er ehrlich und offen zu mir ist
- er zärtlich ist
- er sich um mich kümmert, sich um mich sorgt und für mich da ist

> er mich beschenkt
> er mir meine Freiheit läßt
> ich für ihn der wichtigste Mensch bin
> er weiß, wie es mir geht
> er mich sexuell befriedigt
> er Rücksicht auf mich nimmt
> er Zeit für mich hat und etwas mit mir unternimmt
> er mich so liebt, wie ich bin, und mir das auch zeigt
> er mich unterstützt und Verständnis hat
> er gleiche Ziele und Werte hat wie ich

So, nun sind Sie an der Reihe. Bitte blättern Sie nicht um, bevor Sie diese Übung gemacht haben:

Ich wünsche mir von meinem Partner, daß

Sie haben jetzt hoffentlich eine ganze Reihe von Wünschen aufgelistet. Wer, wenn ich Sie fragen darf, hat denn aber diese Wünsche – Sie oder Ihr Kellerkind?

Um das herauszufinden, müssen Sie sich nur eine Frage beantworten:

Gebe ich mir das, was ich aufgeschrieben habe, auch selbst?
> Sind Sie offen und ehrlich zu sich selbst?
> Gehen Sie zärtlich mit Ihrem Körper um?
> Kümmern Sie sich um Ihre Wünsche und Bedürfnisse?
> Beschenken Sie sich selbst?

- Sorgen Sie in ausreichendem Maße für Ihr Wohlbefinden?
- Sind Sie für Ihr Kellerkind da, wenn es sich traurig, ängstlich, wütend und so weiter fühlt?
- Gestehen Sie sich selbst das Maß an Freiheit zu, das Sie brauchen?
- Nehmen Sie sich selbst wichtig?
- Halten Sie regelmäßig Innenschau und wissen Bescheid, wie Sie sich fühlen?
- Sind Sie in der Lage, sich selbst sexuell zu befriedigen?
- Nehmen Sie Rücksicht auf sich?
- Planen Sie ausreichend Zeit für sich selbst ein?
- Unternehmen Sie Dinge, die Ihnen wichtig sind – auch alleine?
- Lieben Sie sich selbst, so wie Sie sind?
- Wie zeigen Sie sich selbst, daß Sie sich lieben?
- Sind Sie stolz auf das, was Sie tun, und schenken Sie sich selbst die Anerkennung, die Sie benötigen?
- Treten Sie für Ihre Ziele und Werte ein und verfolgen diese?

Ich gebe zu, daß diese Übung etwas gemein war, doch es hilft überhaupt nichts, wenn Sie weiterhin die Befriedigung Ihrer Bedürfnisse durch Ihren Partner erwarten. Sie werden gleich erfahren, warum.

Ich und Du

Vielleicht ist Ihnen beim Lesen bereits aufgefallen, daß ich manchmal von Beziehungen und manchmal von Partnerschaften geschrieben habe. Was ist der Unterschied zwischen diesen beiden Formen des Zusammenlebens? In einer Beziehung kann keine »wahre Liebe« entstehen, da die beiden Personen einander brauchen, und wie es das Wort schon sagt, aneinander ziehen, nach dem Motto: »Der Blinde stützt den Lahmen«. Auf Dauer führen Beziehungen daher in den Konkurs, oder aber die Beteiligten ertragen ihren unglücklichen Zustand, bis der Tod sie endlich scheidet.

Beziehung

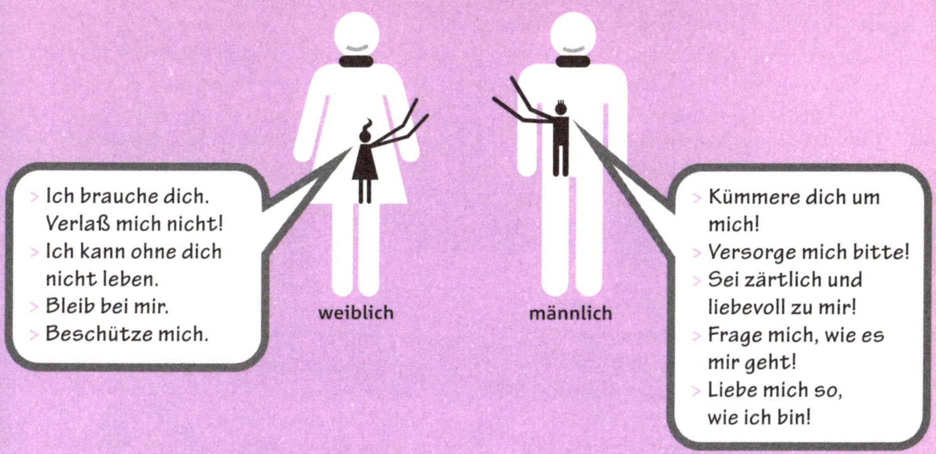

In einer Partnerschaft hingegen begegnen sich zwei autonome Menschen, die Verantwortung für ihr eigenes Glück und Wohlbefinden übernommen haben. Sie unterstützen und bereichern sich gegenseitig.

Nur jemand, der mit sich selbst im reinen ist, der mit sich glücklich und zufrieden ist, kann wirklich geben, nehmen und lieben.

Das Motto der beiden Partner lautet hier: »Ich bin mit dir zusammen, weil ich mit dir zusammensein will, nicht aber weil ich dich brauche«. Wahre Liebe ist respektvoll, aufmerksam, ehrlich, fürsorglich, wertschätzend, humorvoll und leicht, sie gibt dem anderen Freiraum und schenkt dem Liebenden selbst ein Gefühl der Geborgenheit.

Partnerschaft

Um eine wirkliche Partnerschaft kreieren und entwickeln zu können, müssen Sie zu sich selbst hundertprozentig ja sagen. Erst dann werden Sie in der Lage sein, auch Ihren Partner voll und ganz anzunehmen, so wie er ist.

In einer Partnerschaft

- ist jeder erst einmal für sich selbst, sein Glück, seine Wünsche, Bedürfnisse und sein Wohlbefinden verantwortlich
- kümmert sich jeder um sein eigenes Kellerkind und die Änderungen in seinem Drehbuch
- sorgt jeder auch gern für das Wohl des anderen im Sinne der Partnerschaft
- erkennt jeder den anderen an, so wie er ist

- ist jeder darauf bedacht, eine gute Lösung für einen Konflikt zu finden
- herrschen Liebe, Respekt und eine gesunde Mischung aus Nähe und Distanz vor
- entwickelt sich jeder persönlich weiter und gibt Impulse für ein gemeinsames Wachstum
- verpflichten sich beide zu Ehrlichkeit und Offenheit
- weiß jeder, daß er unter anderem als Darsteller im Film des anderen gebucht wird, aber beide sind an der Lösung des Kellerkindproblems interessiert und unterstützen einander
- fühlt sich keiner als Opfer, sondern beide übernehmen Verantwortung
- ist der Fokus auf das Hier und Jetzt gerichtet und nicht auf die Vergangenheit
- sorgen beide für Humor und haben zusammen Spaß
- berühren sich beide Partner den Bedürfnissen entsprechend und ausreichend
- reagieren beide Partner verständnisvoll auf die Verletzlichkeiten des anderen
- werden Grenzen gesetzt und respektiert
- sind beide offen für Lernprozesse, und jeder weiß, daß er vom anderen lernen kann
- schaffen beide Raum für gemeinsame Erlebnisse
- blicken beide optimistisch in die gemeinsame Zukunft
- wird täglich miteinander kommuniziert (mehr als drei Minuten versteht sich)
- wird ein Konflikt direkt angegangen
- fühlen sich beide Partner für eine lebendige Sexualität verantwortlich
- akzeptiert jeder die unterschiedlichen Lebensphasen des anderen
- fühlt sich jeder den partnerschaftlichen Grundwerten verpflichtet
- will keiner den anderen manipulieren
- empfinden beide Dankbarkeit, Demut und Freude zusammenzusein

Für welche Form des Zusammenseins wollen Sie sich nun entscheiden? Sollten Sie die Beziehung wählen, endet dieses Buch für Sie an dieser Stelle. Machen Sie einfach so weiter wie bisher. Sollten Sie jedoch – was ich sehr hoffe – eine Partnerschaft bevorzugen, dann geht die Reise noch ein wenig weiter.

Intakte Partnerschaften sind weder Zufälle noch Glücksache. Sie sind Kreationen. Eine Partnerschaft hängt von der Bereitschaft beider Partner ab, darin zu investieren.

Die große Reise

Ich bin froh, daß Sie sich entschieden haben, mit Ihrem Partner noch ein Stück weiter zu reisen. Reisen bergen ungeahnte Abenteuer. Daher ist es besonders wichtig, daß Sie sich vorab über Ihre Ziele und Visionen klarwerden: Wohin soll Ihre gemeinsame große Reise überhaupt gehen? Welche Ziele verfolgen Sie in Ihrer Partnerschaft? Gibt es eine gemeinsame Vision? Wie möchten Sie Ihre Zeit gestalten, wie soll Ihr Gefühlsleben aussehen, was wollen Sie erleben?

Wie bei einer spannenden Expedition sind Sie auf Ihrer großen Reise auf eine geeignete Ausrüstung angewiesen. Mit der Simply-Love-Strategie® steht Ihnen ein Problemlösungsmodell zur Verfügung, das Sie jederzeit nutzen können.

Sie sollten allerdings folgendes nicht vergessen: Wenn Sie sich ausschließlich mit der Aufarbeitung vergangener Erfahrungen beschäftigen, verpassen Sie die Gegenwart und Ihre Zukunft. Sobald Sie sich die Einträge Ihrer Drehbücher ausreichend bewußt gemacht haben, ist es an der Zeit, dem alten Drehbuch etwas Neues entgegenzusetzen, um jetzt selbst zu entscheiden und Ihr Leben frei zu gestalten – Ihre neue Lovestory!

Denken Sie sich zunächst einen neuen Titel für Ihre Liebesgeschichte aus. Mein Partner und ich haben für unsere Partnerschaft den Titel »Mit den Augen der Liebe – Liebe ohne Wenn und Aber« gewählt.

Wie lautet der neue Titel Ihrer Lovestory?

Und nun natürlich noch die wichtigste Frage: **Wohin wollen Sie überhaupt reisen?**

Den meisten Menschen fällt es wesentlich leichter zu sagen, was sie nicht wollen, als genau zu definieren, was sie sich wünschen. Hierzu können Sie eine hilfreiche Übung machen:

Stellen Sie sich vor, Sie sind am Ende Ihres Lebens angekommen und halten Rückschau: **Was möchten Sie am Ende Ihres Lebens über Ihren Partner und Ihre gemeinsame Zeit sagen können?**

Oder seien Sie kreativ. Fertigen Sie eine Collage an, malen Sie eine Schatzkarte, entwerfen Sie ein Drehbuch! Wie Sie bereits wissen, gibt es immer mehrere Möglichkeiten, um ans Ziel zu kommen.

Lesen Sie nun, wie so ein Partnerschaftsresumee aussehen könnte:

»Wir haben die letzten 52 Jahre miteinander verbracht. Meistens bin ich morgens aufgewacht und habe mich auf dich gefreut. Deine Offenheit und Ehrlichkeit habe ich sehr geschätzt, auch wenn es oft für mich nicht einfach war und es mir am Anfang viel Angst bereitet hat. Ich möchte keinen der Tage missen, an denen du wieder mit irgendwelchen verrückten Ideen um die Ecke gebogen bist, die Kinder Trouble gemacht haben oder unser Haus für unsere vielen Freunde offen war. Manchmal haben wir uns bei Streitigkeiten arg zugesetzt. Doch ich denke, unser Humor hat uns auch aus schlimmen Krisen herausgeholfen. Eine entscheidende Wende war für mich, als ich begreifen mußte, was Probleme wirklich sind – ungelöste Situationen. Es gab Zeiten, da wollte ich mich am liebsten hinter meiner Arbeit verstecken, aber das hast du nicht zugelassen. Ich hatte damals große Angst, eine Familie zu gründen, weil mich das heillos zu überfordern drohte. Heute kann ich sagen, daß es die beste Entscheidung meines Lebens war. Danke für deine Geduld und Hartnäckigkeit! Ich bin stolz auf das,

was wir beide erreicht haben. Es hätte nicht besser sein können. Ich bin dankbar, daß ich in dir einen Partner habe, der mir genügend Freiraum gewährt hat, die Dinge zu tun, die mir wichtig waren. Ich habe unsere kleinen gemeinsamen Rituale über alles geliebt, wie den gemeinsamen Tee am Morgen und den Abschiedskuß an der Tür und den gemeinsamen Tee nach der Arbeit. Ich bin dankbar für den Halt, den du mir geben konntest, als ich liebe Menschen verloren habe. Ich habe es nie als selbstverständlich angesehen, daß wir zusammen waren. Mir war immer klar, daß ich etwas dafür tun möchte, und mir fiel es leicht, auch mal auf Dinge zu verzichten, weil mir unsere gemeinsame Zeit soviel gegeben hat. All meine Erfolge habe ich leichter errungen, weil du an meiner Seite warst. Ich glaube, wir konnten diesen langen Weg zusammen gehen, weil wir immer zwei eigenständige Personen geblieben sind. Wir hatten uns immer irgend etwas zu erzählen. Selbst in der Phase, als die Kinder kamen, haben wir nie auf uns verzichtet und uns nicht nur mit der Rolle als Mutter und Vater zufriedengegeben. Jeder hatte immer den Wunsch, auch für den anderen attraktiv zu sein. Ich liebte es, von dir berührt zu werden und dich zu berühren. Es hat einige Zeit gedauert, bis wir herausgefunden haben, wie unsere gemeinsame Sexualität aussieht. Jeder hat dem anderen auch seine Vorlieben lassen können, und ich erinnere mich heute noch gern an die vielen ›heißen Nächte‹. Auch das Älterwerden fiel mir mit dir an meiner Seite unvermutet leicht.

Ich durfte in all den Jahren ›ich‹ sein und konnte dich ›dich‹ sein lassen. Danke für unsere gemeinsame Zeit.«

Was möchten Sie am Ende Ihres Lebens über Ihren Partner und Ihre Partnerschaft sagen können?

Am besten Sie notieren Ihre Gedanken auf einem Blatt Papier. Da ich Ihnen immer gerne mehrere Möglichkeiten anbiete, um ans Ziel zu kommen, möchte ich Sie gleichzeitig auffordern, kreativ zu sein: Fertigen Sie eine Collage an, malen Sie eine Landkarte mit Schatz und Reiserouten oder schreiben Sie einfach ein Drehbuch. Ganz wie Sie möchten!

Unsere gemeinsame Reise

Wenn Sie die Übung durchgeführt haben, wissen Sie, wohin Ihre gemeinsame Reise gehen soll. Die schwierigsten Entscheidungen sind schon getroffen. Damit Sie dieses Ziel aber auch erreichen, sollten Sie nun nochmals prüfen, über welche Ausrüstung Sie bereits verfügen und was Sie für die Reise noch benötigen.

Die Liebe ist ... eine Reise, die nie zu Ende geht. Sie allein entscheiden, wie Sie diese gestalten wollen.

Wir

Was brauchen Sie nun, um auf Dauer eine glückliche Partnerschaft zu führen? Auf alle Fälle kein Psychologiestudium und keine 500 Beziehungsratgeber. Ich selbst habe einige sehr hilfreiche Titel gelesen und festgestellt, daß es durchaus kluge Bücher über Kommunikation, Sexualität und Kreativität in der Paarbeziehung gibt. Mein Mann dagegen ist in einem ganz anderen Kulturkreis aufgewachsen. Auf den Seychellen findet man nirgendwo Beziehungsratgeber. Es gibt lediglich zwei Fernsehprogramme, und die wenigsten haben einen Computer. Aber trotzdem verfügen dort viele Menschen über eine emotionale Intelligenz, von der ein Großteil der Europäer nur träumen kann. Natürlich habe ich meinem Mann ausführlich von Kellerkindern und Drehbüchern erzählt und bin immer noch beeindruckt, wie schnell und einfach er dieses Modell nicht nur für sich, sondern auch für unsere Partnerschaft nutzbar gemacht hat. Einige Tage nachdem ich ihm davon erzählt hatte, bat er mich mitten in einem Streit einen Moment innezuhalten: »Ich glaube, es ist dein Kellerkind und das will auf meinen Schoß.« Sie können sich vorstellen, wie verdutzt ich war.

Wir haben verlernt, auf unsere Gefühle zu hören, und wollen Probleme rational lösen. Doch bei Problemen rund um die Liebe und unser Zusammenleben geht es nun einmal um Gefühle. Sie sind unser innerer Kompaß. Vertrauen Sie (wieder) auf Ihr Gefühl.

Sie sind mit Ihrem Partner nun schon ein ganzes Stück zusammen gereist, haben viele schöne Erlebnisse und Erfahrungen gemacht. Das war nur möglich, weil Sie schon einiges Handwerkszeug für eine glückliche Partnerschaft mitgebracht haben. Vergegenwärtigen Sie sich nun bitte einige positive Dinge in Ihrer Partnerschaft:

Was können Sie beide gut?

Hier ein paar Beispiele:

- Wir lachen viel miteinander.
- Wir haben die gleichen Interessen.
- Wir können uns gut allein beschäftigen.
- Wir nehmen am Leben des anderen teil.
- Wir sind jeden Tag zärtlich zueinander.
- Wir machen uns gegenseitig Komplimente und freuen uns über die Erfolge des anderen.
- Wir sind in der Lage, uns nach einem Streit wieder zu versöhnen.

- Wir kommunizieren viel miteinander.
- Wir ....

....

....

Wenn Sie Ihre persönliche Liste erstellt haben, sollten Sie einmal tief durchatmen und alles noch einmal lesen! Alles, was Sie hier aufgelistet haben, ist Ihr gemeinsamer riesiger Schatz! In Zeiten, in denen der Verkehr nur zäh vorankommt oder blockiert ist, sollten Sie sich darauf besinnen, was Sie schon geschafft haben. Seien Sie dankbar und freuen Sie sich einfach darüber. Es ist mit Sicherheit nicht selbstverständlich!

Nun sollten Sie noch ein paar weitere Fragen beantworten:

Was können (wollen) wir noch verbessern?

- Wir wollen unsere gemeinsame Zeit bewußter planen.
- Jeder sollte sich noch ein wenig mehr um sein eigenes Kellerkind kümmern.
- Wir sollten nicht den gesamten Kraftstoff für den Beruf verwenden.
- Wir wollen beim Sex mehr Aufmerksamkeit auf das Genießen anstatt auf die Befriedigung richten.
- Wir wollen nach einem Streit noch klarer eine Lösung herausarbeiten.
- Wir können, wollen und werden ....

....

....

Welche Hilfsmittel stehen uns dafür zur Verfügung?

> Wir können uns immer wieder die Dinge bewußt machen, die wir schon geschaffen haben.
> Wir können mit der Simply-Love-Strategie® arbeiten.
> Wir können von anderen Menschen lernen.
> Wir können eigene Regeln aufstellen.
> Wir können Rituale in unserem Alltag etablieren.
> Wir können uns zu speziellen Themen Literatur besorgen, zum Beispiel über Zeitmanagement, Kommunikation oder Sexualität.
> Wir ....

....

....

Ich habe die Erfahrung gemacht, daß es außerordentlich hilfreich ist, die Sachebene von der emotionalen Ebene zu trennen. Je besser und klarer die Sachthemen organisiert sind, um so weniger laufen Sie später Gefahr, hier eine emotionale Baustelle zu eröffnen.

Prüfen Sie nun, welche der aufgeführten Bereiche für Sie relevant sind. Es hängt ganz von Ihren persönlichen Lebensumständen ab.

Haushalt

Wer macht was? Hier empfiehlt es sich zu fragen, was jeder am liebsten macht. Die Dinge, die Sie beide nicht leiden können, lassen Sie vielleicht durch eine Haushaltshilfe erledigen. Oder Sie losen.

Versicherungen

Wer soll sich darum kümmern? Derjenige mit dem meisten Knowhow, oder lassen Sie sich lieber beraten? Häufig haben Frauen keine Lust, sich mit versicherungstechnischen Belangen zu belasten. Ich rate Ihnen aber, sich hier nicht aus der Verantwortung zu ziehen. Es betrifft Sie beide.

Finanzen

Das »liebe Geld«. Komisch, daß alle es haben wollen, aber so ungern darüber geredet wird. Listen Sie alle Ausgaben auf, und teilen Sie sich Taschengeld zu, das für jeden zur freien Verfügung steht. Vereinbaren Sie ein Limit. Wenn eine Ausgabe diese Grenze übersteigt, muß der andere gefragt werden, ob er die Ausgabe in Ordnung findet. Wenn Sie unterschiedliche Gehälter haben, sollten Sie die Ausgaben prozentual aufteilen.

Kinder

Wie wollen Sie die Betreuung der Kinder regeln? Geht immer nur einer zum Elternsprechtag? Wer macht den »Taxi-Service«? Denken Sie daran, je ausgeglichener und zufriedener die Eltern sind, um so glücklicher sind auch die Kinder.

Urlaub

Wollen Sie den Urlaub stets gemeinsam verbringen, oder kann auch jeder einmal allein verreisen? Freunde von mir haben diesbezüglich eine tolle Regelung gefunden: Jedes Jahr übernimmt einer von ihnen die komplette Urlaubsorganisation, kümmert sich um notwendige Buchungen, informiert sich vorab, spielt sozusagen den Reiseleiter. So kommt jeder abwechselnd auf seine Kosten. Wenn möglich, gibt es im Jahr noch einen zweiten, totalen Relaxurlaub, in dem keiner von beiden etwas tun muß.

Freizeitgestaltung

Gibt es Hobbys, denen Sie gern nachgehen möchten? Planen Sie genügend gemeinsame Freizeit ein, in der Sie zusammen für neue Abenteuer und Erlebnisse sorgen?

Freundeskreis

Natürlich sollten Sie einen gemeinsamen Freundeskreis aufbauen. Doch vergessen Sie nicht: Jeder braucht seine eigenen Freunde. Ich erinnere nur an den »drohenden Erstickungstod« (siehe Seite 98). Gewähren Sie sich also den Freiraum, den Sie beide brauchen.

Es kann gut sein, daß sich bei Ihrer Planung hier und da ein Kellerkind meldet. Mittlerweile wissen Sie ja, was in solchen Notfällen zu tun ist. Und denken Sie daran: Je mehr Dinge in Ihrem gemeinsamen Alltag klar geregelt sind, um so mehr Energie steht Ihnen für die wirklich schönen Dinge des Lebens zur Verfügung.

Haben Sie sich und Ihrem Partner heute eigentlich schon etwas Gutes getan? Nein? Dann wird es jetzt höchste Zeit!

Verkehrsregeln

In jeder Partnerschaft werden mit der Zeit Regeln und Normen entwickelt, die oftmals unausgesprochen bleiben.

Regeln schützen das soziale Zusammenleben und erfordern die Kooperation beider Partner.

Allerdings sind sie nicht für immer und ewig festgeschrieben und unveränderlich. Mir ist nicht daran gelegen, Ihnen nun ein Regelwerk für Ihre Partnerschaft vorzugeben.

Sie müssen selbst entscheiden, welche Vereinbarungen in Ihrer Partnerschaft gelten sollen. Ich möchte Ihnen lediglich einige Anregungen geben:

> Wir bringen uns täglich Aufmerksamkeit, Anerkennung, Wertschätzung, Zuneigung und Zärtlichkeit entgegen.
> Wir zeigen offen, wie wir uns fühlen, egal ob wir traurig, gestreßt, wütend, eifersüchtig, müde, ängstlich oder unsicher sind.
> Wir gewähren dem anderen Einblick in unser Drehbuch. Auf diese Weise werden für uns beide die Handlungen des anderen nachvollziehbar.
> Wir sorgen beide dafür, das Feuer unserer Liebe am Brennen zu halten.
> Wir verstehen Crashs als Chance, uns dem eigenen Kellerkind zu widmen und es nachzubeeltern.

- Wir teilen uns unsere Wünsche und Bedürfnisse mit, wissen aber auch, daß der andere nicht zwangsläufig für deren Erfüllung zuständig ist.
- Wir tauschen uns über unsere Kellerkinder aus, denn so können wir beide mitfühlender und verständnisvoller auf die Verletzungen des anderen eingehen.
- Wir planen bewußt jede Woche einen Tag für uns ein. Ebenso legen wir feste Gesprächszeiten für ernste Themen fest, um diese nicht zwischen Tür und Angel abzuhandeln (eine Stunde pro Woche).
- Wenn einer spürt, daß es Zeit für eine Veränderung ist, schieben wir das Thema nicht auf, sondern arbeiten sofort daran.
- Sollten wir in einer Sackgasse landen, brechen wir die Diskussion ab und vertagen sie auf einen späteren Zeitpunkt, der für uns beide akzeptabel ist.
- Wir stehen weder im Boxring noch konkurrieren wir miteinander. Wer gerade das Gefühl hat, mehr geben zu können, der gibt. Wir wissen: Liebe ist das einzige Gut, das mehr wird, wenn wir es uns gegenseitig schenken! Ein Zuviel gibt es nicht!
- Ist ein Streit unvermeidbar, verpflichten wir uns, fair zu bleiben. Als Tabus gelten: persönliche Verletzungen, Beschimpfungen, Beleidigungen und körperliche Attacken.
- Auch wenn wir ein Team sind, müssen wir nicht alles gemeinsam machen. Wir geben uns gegenseitig den Freiraum, den jeder von uns braucht und der für beide vertretbar ist.
- Für unsere finanziellen und versicherungstechnischen Angelegenheiten entwickeln wir einen Plan.
- Alltägliche Arbeiten werden gerecht aufgeteilt – nach dem Motto: Wer macht was am liebsten?
- Wir richten unsere Aufmerksamkeit auf die Stärken und positiven Seiten des anderen.
- Wir sorgen beide für Leichtigkeit und Humor.
- Jeder kümmert sich um sein eigenes Wohlbefinden, um dann auch in der Partnerschaft mehr geben zu können.

Stellen Sie nun Ihre eigenen Regeln auf! Freunde von mir kamen auf die geniale Idee, zusätzlich zu den Regeln einen Bußgeldkatalog zu entwerfen: Nach einem vereinbarten Punktesystem werden in ihrer Partnerschaft leichte bis schwerwiegende Regelverstöße mit Sanktionen wie Massagen, Frühstück-ans-Bett-bringen, Autowaschen und so weiter geahndet. Vielleicht haben Sie ja Lust ebenfalls ein solches System zu entwicklen?

Liebe braucht Kontakt, nicht Vermeidung des Kontakts. Die Liebe braucht das Hier und Jetzt der Begegnung. Liebe ist nichts Statisches, sie bedeutet Auseinandersetzung, meint gemeinsames Wachstum, nachdem der Thrill der Verliebtheit vorüber ist. Liebe ist (auch) Arbeit.
Fritz Perls

Rituale im Alltag – wie wir uns guttun

Jeder von uns kennt sie, die kleinen Rituale für das tägliche Glück. Sie sind wertvoll für den Partnerschaftsalltag, verstärken das Wir-Gefühl und schaffen mehr emotionale Sicherheit und Stabilität. Zu diesem Thema empfehle ich Ihnen das hervorragende Buch von Jennifer Louden mit dem Titel »Tut euch gut«.

Ich habe viele Menschen nach Ihren Partnerschaftsritualen befragt. Einige Antworten möchte ich Ihnen nicht vorenthalten:

Vor einiger Zeit erzählte mir meine Freundin Katrin von einem wunderschönen Ritual, das sie mit ihrem Freund durchgeführt hat. Sie stellten sich beide die Frage »Was möchte ich dir in 30 Jahren gern sagen und geben?«. Sie schrieben alles, was ihnen durch Kopf und Herz ging, auf, packten die Briefe sowie ein paar Geschenke in zwei wetterfeste Taschen und vergruben diese im Wald. Anschließend unterzeichneten sie einen Vertrag, in dem sie sich verpflichteten, in 30 Jahren gemeinsam diesen Schatz zu heben – ganz egal, was in der Zwischenzeit geschehen wird.

Katrin: *»Seit unserem Ritual fühle ich mich so richtig mit Marlon verbunden. Wir mußten uns beide überlegen, wie wir unsere gemeinsame Zukunft planen wollen, um unsere Ziele zu erreichen. Durch das Ritual hatte ich das Gefühl, ja zu Marlon zu sagen, wie bei einer Hochzeit, nur echter und intensiver.«*

Ich bin mir sicher, die beiden haben nichts dagegen, wenn Sie dieses wunderschöne Ritual nachahmen.

Weitere Rituale für das tägliche Glück

> Jeden Morgen erzählen wir uns, was wir vorhaben, was uns im Job erwartet oder was uns gerade beschäftigt. So versteht jeder den anderen, wenn einer von uns gestreßt ist oder vielleicht vor irgend etwas Angst hat.

> Egal ob es stürmt, regnet oder schneit, wenn wir von der Arbeit nach Hause kommen, gehen wir eine halbe Stunde spazieren. Jeder von uns hat dann eine Viertelstunde Zeit zu erzählen, was im Job gerade läuft. Wir sind beide sehr eingespannt und wollen die restliche Zeit des Tages nicht endlos über die Arbeit reden. Es gibt ja schließlich noch schönere Dinge, die man gemeinsam tun kann.

> Wir halten uns einmal im Monat ein Wochenende nur für uns beide frei. Je nachdem wie wir uns fühlen, unternehmen wir etwas Schönes oder faulenzen einfach mal. Wir entscheiden stets spontan, wonach uns gerade ist.

> Unser tägliches Ritual besteht darin, uns vor dem Einschlafen gegenseitig in den Arm zu nehmen und zu danken. So vergegenwärtigen wir uns die schönen Momente, selbst wenn es mal einen Streit gegeben hat. Außerdem schläft man dann gleich viel besser.

> Wir haben unser Ritual »Der erste Kuß« genannt. Je nachdem wer als erstes aufwacht, weckt den anderen mit den Worten: »Dieses ist der erste Kuß, den ich dir heute gebe.«

- Wenn wir geschäftlich verreisen müssen, bringen wir uns gegenseitig zum Flughafen und holen uns auch wieder ab. Wir zelebrieren jedesmal einen richtigen Abschied und sagen uns dann immer, was wir aneinander haben.

- Wir haben beide sehr kopflastige Berufe. Irgendwann haben wir erkannt, daß uns Kochen entspannt. So planen wir jede Woche einen Tag fest ein, an dem wir miteinander kochen. Meist ein richtig schönes Menu mit mehreren Gängen. Wir freuen uns beide jedesmal wieder darauf.

- Bei uns ist das Geld im Moment etwas knapp, und wir können uns weder einen Masseur noch eine Kosmetikerin leisten. Da wir beide es aber lieben, uns verwöhnen zu lassen, haben wir begonnen, Wellness-Tage zu Hause einzulegen. Mit Büchern über Fußreflexzonenmassage, Akkupressur und Aromatherapie haben wir uns ein wenig fit gemacht. Mal bin ich also seine Masseuse oder Kosmetikerin, mal ist er dran, mich zu verwöhnen (auch Männer können das!). Es ist einfach wunderbar!

- Uns fiel irgendwann auf, daß viele unserer Zärtlichkeiten mechanisch ablaufen. Der Kuß am Morgen, der Kuß nach Feierabend zu Hause. Wir haben daraufhin beschlossen, täglich auf »Körper-Entdeckungsreise« zu gehen. Unser Ziel: bewußtes Geben und Nehmen. Noch nie hatte zuvor jemand meine Ohren zehn Minuten lang gestreichelt und geküßt. Und übrigens, derjenige, der die Streicheleinheiten empfängt, tut währenddessen nichts.

Versöhnungsrituale

Wir hatten lange Zeit Probleme, uns beim anderen zu entschuldigen. Dafür haben wir lieber Stunden mit Schweigen und Schmollen vergeudet. Keiner wußte so richtig, wie er den Anfang machen sollte. Mittlerweile schauen wir uns nach einem Streit die Drehbücher an, schreiben all die alten Einträge auf, gehen in den Garten und verbrennen sie. Stefan öffnet dann unter freiem Himmel eine Flasche Prosecco, ich hole die Gläser (»same procedure as after every fight«) und beim Zuprosten fallen dann die Worte »Es tut mir leid«.

Nachbeelterungs-Rituale

Wir haben durch das Seminar viele Verletzungen unserer Kellerkinder aufgespürt und haben beschlossen, uns gegenseitig bei unserer Nachbeelterung zu unterstützen. Seitdem gibt es jede Woche einen »Pflegemama-« und einen »Pflegepapa-Tag«. Wir stellen uns dann vor, was wir mit unserem eigenen Kind machen würden, wenn es bestimmte Verletzungen hätte. So habe ich Helga einmal mit in den Wald genommen und ihr wie ein Vater erlaubt, in ihrer Wut alle möglichen Schimpfworte herauszuschreien. Mein unerfüllt gebliebener Kindheitstraum dagegen bestand darin, eine Seifenkiste zu bauen. Helga zögerte nicht und hat alles Nötige im Baumarkt besorgt. Ein ganzes Wochenende haben wir dann zusammen gebastelt und gebaut. Uns beiden tun diese »Pflegeeltern-Tage« richtig gut.

Beziehungs-Kiste

Lassen Sie sich bitte nicht von der Überschrift abschrecken. Wir nennen dieses Ritual nur »die Kiste«. Wir füllen einen alten Schuhkarton mit zwei verschiedenfarbigen Karteikarten. Eine Farbe steht für mich, eine für meinen Partner. In der Kiste gibt es verschiedene Rubriken (siehe unten), denen wir unsere Karteikarten zuordnen. Einmal in der Woche ist »Kisten-Tag«. Oberste Priorität hat die Kategorie: »Darüber muß ich reden – akut«. Ist unter dieser Rubrik nichts zu finden, würfeln wir, um eine andere auszuwählen.

Die Beziehungs-Kiste enthält folgende Rubriken:

Schöne Momente:

Unter dieser Rubrik befinden sich Karteikarten mit Fotos von schönen Plätzen, an denen wir zusammen waren. Auch schöne Erlebnisse werden niedergeschrieben und hier gesammelt. Wenn eine solche Karte gezogen wird, suchen wir den jeweiligen Platz wieder auf oder wir unternehmen etwas, das dem damaligen Erlebnis ähnelt.

Darüber muß ich reden – akut:
Hier sind die Dinge vermerkt, über die sich einer von uns vor kurzem geärgert hat. Außerdem finden sich hier die Themen, die uns beschäftigen und die wir gern besprechen möchten. So weiß jeder, daß er spätestens dann gehört wird, wenn Kisten-Tag ist.

Geschenke:
Wenn einem von uns beiden irgend etwas einfällt, was er gerne haben möchte, dann kommt dieser Wunsch auch auf eine Karteikarte. Manchmal schneide ich auch Artikel aus Zeitschriften aus und stecke sie in die Kiste. Wir lieben Geschenke und das nicht nur zu den üblichen Geschenktagen. So kommt keiner von uns in die Verlegenheit, nicht zu wissen, was sich der andere wünscht.

Reisen:
Auch hier gilt wieder, sobald einer von uns eine Idee hat, wohin er gerne reisen möchte, notiert er sie. Oft erlaubt es ja die Zeit nicht wegzufahren. Das ist aber nicht weiter tragisch. Wir besorgen uns dann ein Video oder einen Bildband und verreisen auf diese Weise übers Wochenende nach Afrika. Musik, Essen und Dekoration unseres Wohnzimmers entsprechen natürlich – wie könnte es anders sein – dem ersehnten Urlaubsland.

Sexualität:
Hier finden Träume, Wünsche, erotische Geschichten und intime Briefe ihren Platz. Außerdem feiern wir gern ein »Fest der Sinne«. Die Karten helfen uns, ein bestimmtes Sinnesorgan (Tasten, Riechen, Hören, Schmecken oder Sehen) auszuwählen, dem wir uns dann phanatasievoll widmen.

Kellerkinder:
Immer wenn einem von uns ein Thema auffällt, bei dem noch nachbeeltert werden muß, wird es auf einer Karteikarte vermerkt.

Sollten Sie Kinder haben, dann lohnt es sich, für die ganze Familie eine Familienkiste anzulegen. Spaß garantiert!

Welche Rituale haben wir bereits?

Auf welche Weise können wir uns gegenseitig guttun?
Jeder hat bestimmte persönliche Bedürfnisse und Wünsche, daher sollten Sie sich fragen, welche Dinge sich positiv auf Ihr Wohlbefinden auswirken.

Sie tun einander gut, wenn Sie

> Ihren Partner so akzeptieren, wie er ist
> Ihre Augen öffnen und erkennen, wie wunderbar er ist
> sich gegenseitig auf dem gemeinsamen und eigenen Weg unterstützen
> einander zeigen, wie wichtig es Ihnen ist, was der andere denkt und fühlt
> die Wünsche und Bedürfnisse des anderen achten
> sich nicht in die Angelegenheiten des anderen einmischen, auch wenn er Fehler macht
> hier und da Ihre Wünsche zurückstellen und auf etwas verzichten
> die Seiten Ihres Partners, die Ihnen nicht gefallen, trotzdem annehmen

Wir sind nun am Ende unserer gemeinsamen Reise angekommen. Schön, daß Sie bis jetzt durchgehalten haben. Ich hoffe sehr, daß ich mit der Simply-Love-Strategie® Ihr Herz für Sie selbst, Ihr Kellerkind und Ihren Partner geöffnet habe, und wünsche Ihnen nun von ganzen Herzen eine glückliche Zukunft, wie auch immer Sie diese gestalten werden.

Einen persönlichen Gedanken möchte ich Ihnen zum Abschluß noch mit auf Ihre Reise geben:

Ich sehe in meinem Partner einen Menschen, der mich ein Stück auf meinem Weg begleitet. Wie wir diesen Weg gehen und was wir am Ende des Weges voneinander wissen werden, entscheiden nur wir. Ich bin frei, mein Leben und meine Partnerschaft so zu gestalten, wie es für mich richtig ist und mir guttut. Das gleiche gilt auch für Sie. Öffnen Sie Ihr Herz für die Liebe – sie ist immer und allgegenwärtig.

Das letztendliche Ziel der Liebe besteht darin, das Selbst zu erweitern. Denn die Liebe entspricht den tiefsten Schichten unserer Seele.

Epilog

Hier spricht die Liebe

Hallo, ich bin die Liebe. Es wird Zeit, daß ich auch mal zu Wort komme. Ich bin das, wonach ihr alle sucht und strebt. Wenn ich mir euer Treiben so anschaue, dann wird mir manchmal richtig mulmig. Was macht ihr Menschen nur? Ich kann euch nicht verstehen. Viele glauben, ich sei ein Geheimnis, das es zu entlarven gilt. Aber ganz im Gegenteil, ich bin ein Gefühl. Ich bin täglich in jedem von euch.

Aber leider können die meisten Menschen mich nicht mehr fühlen. Ihre Herzen sind verschlossen. Manchen gelingt es, ihr Herz für einen Augenblick zu öffnen, wenn sie ein lachendes Kind oder einen Sonnenaufgang sehen. Andere spüren mich, wenn sie in ihrem Beruf erfolgreich sind. Viele aber warten täglich immer noch darauf, daß ein anderer Mensch kommt und mich zu ihnen bringt.

Es kommt mir so vor, als würdet ihr glauben, ihr müßtet etwas Bestimmtes tun, damit ich zu euch komme. Ihr müßtet euch einem anderen gegenüber auf eine besondere Weise verhalten, damit ich bei euch bin. Ich sehe doch, wie ihr, oft müde von der Arbeit, den Freund oder die Freundin anruft, nur um dem anderen zu gefallen, obwohl ihr eigentlich lieber ins Bett gehen und schlafen wollt. Glaubt ihr allen Ernstes, ich würde unter diesen Umständen bei euch einziehen? Nein, ich mag keine Menschen, die unehrlich sind. Und wenn ihr zu streiten beginnt und euch nicht mehr um euren Partner kümmert, euch nicht mehr respektvoll verhaltet, dann gebt ihr mir die Schuld, daß ich gegangen bin. Aber ich gehe, wenn ich spüre, daß es kein Miteinander und kein Wachstum mehr gibt. Meine Aufgabe ist es, Licht ins Dunkel zu bringen. Durch mich könnt ihr lernen, alle möglichen Gefühle in euch zu entwickeln und besser zu verstehen. Ich helfe euch, auch schwierige Zeiten durchzustehen. Ich möchte immer bei euch sein, auch in Krisenzeiten, weil ihr dadurch mehr über euch und andere lernen könnt. Ich lehne auch niemanden ab, es sei denn ihr wollt mich nicht. Und es ist nicht meine Aufgabe, euch Leid, Schmerzen und Kummer zuzufügen.

Um mich richtig entfalten zu können, brauche ich Menschen mit offenen Herzen, die bereit sind, auch meine Verwandtschaft kennenzulernen. Dazu gehören unter anderem Haß, Wut, Traurigkeit,

Angst, Unsicherheit und Eifersucht. Aber der Großteil der Menschen will nur mich. Wieso eigentlich? Ich bin doch sowieso immer da. Selbst wenn sich einer meiner Brüder oder Schwestern mal wieder in den Vordergrund drängelt. Wenn ihr mich im Herzen tragt, können wir gemeinsam zu anderen Menschen gehen, die auch offene Herzen haben. Ihr werdet sehen, daß alles dann gleich viel mehr Spaß macht als sonst.

Ich bin immer und überall für jeden einzelnen von euch da. Öffnet mir die Tür zu eurem Herzen, dann werden wir auch gemeinsam euren Freund, eure Freundin und eure Kinder besuchen. Nur weil ihr mich nicht sehen und anfassen könnt, solltet ihr nicht an mir zweifeln. Redet mit mir! Ich würde mich freuen, euch mehr von mir zu erzählen!

Und was ist mit dir? Ich bin schon mal gespannt, wann du dich bei mir meldest. Ich bin jedenfalls immer da, wenn du nach mir rufst. Du mußt mir nur die Tür aufmachen.

Bis hoffentlich bald
die Liebe

Danksagung

Mein ganz besonderer Dank geht an …

- Jude! Ohne dich würde es dieses Buch nicht geben
- Herrn Steffen Christoforie, dem guten Engel von Saturn Hansa, der das Unmögliche möglich gemacht hat und der kaputten Festplatte am Ende doch noch die Daten für dieses Buch entlocken konnte
- meine Freundinnen Maria und Helga, die immer ein offenes Herz und Ohr für mich und mein Kellerkind haben. Mit euch lache ich am liebsten
- meine Freundin Iris, die mal wieder über ihre Grenzen hinausgewachsen ist und trotz lädierter Gesundheit das Manuskript überarbeitete. Das vergesse ich dir nie
- die gute Seele Uli England, die mit viel Engagement und Herzblut all die Organisationsarbeit in Deutschland übernommen hat
- meinen Freund Axel, der mir all die lästigen Dinge vom Hals hält
- Marketta, die ihre Intuition und ihr Verkupplungsgen im richtigen Moment aktiviert hat
- meine Freundin Katja, die immer für mich sorgt, wenn es mal wieder brennt
- Ina und Jochen, von denen ich lernen konnte, daß Liebe und Partnerschaft auf Dauer möglich sind
- the whole Familie Shroff for love, understandig, support, good humor and the best food on Seychelles
- Britta Egetemeier, Bettina Feldweg und Iris Forster, die mit ihrer einzigartigen Art ein entspanntes, kreatives und herzliches Arbeiten ermöglichen
- den Piper Verlag – er ist und bleibt der Verlag mit Herz, Hirn und Humor
- meine Leser/innen und Seminarteilnehmer/innen, die mir in der Vergangenheit ihr Vertrauen entgegengebracht haben

Wenn Sie mir über Ihre gemeinsame Reise berichten möchten, freue ich mich sehr. Meine E-Mail-Adressen lauten:
katja@seychelles.net
KSundermeier@aol.com

Weitere Informationen zur Simply-Love-Strategie® finden Sie auf der Internetseite:
www.simply-love.de

Katja Sundermeier

Die Simply Love® Strategie

Ihr Weg zur großen Liebe. 208 Seiten mit 46 farbigen Originalillustrationen von Christiane Gerstung. Serie Piper

Lang genug Single, Lust auf die große Liebe? Simply Love®, das für bindungswillige Männer und Frauen konzipiert wurde und sich seit Jahren in der Praxis bewährt, führt direkt zum Ziel. Die Psychotherapeutin Katja Sundermeier zeigt, wie wir unbewußte Prägungen erkennen und vorgezeichnete Rollen durchbrechen – und so den Partner, den wir verdienen, auch wirklich bekommen.

»Haben Sie genug vom Single-Dasein? In diesem Buch erhalten Sie Tips, wie Sie ein romantisches Happy-End für Ihr Beziehungsleben finden können.«
Glamour.de

05/2055/01/L

Sasha Cagen

Singles aus Leidenschaft

Quirkyalone für Anfänger. Aus dem Amerikanischen von Ursula Bischoff. 160 Seiten mit 92 Abbildungen. Serie Piper

Quirkyalone ist das Manifest einer neuen Single-Generation: die stolze, kluge, witzige, herzliche Absage an den Pärchenwahnsinn. Die vergnügten Singles genießen es, allein zu sein. Sie haben nichts gegen Liebe, erst recht nichts gegen Sex, nur brauchen sie zum Glück keine nervtötenden Beziehungen, sagte sich Sasha Cagen und gründete eine rasend schnell wachsende Single-Bewegung, die von San Francisco aus die Welt erobert: Verlieb dich ins fröhliche Alleinsein! Ein Buch, so romantisch, so revolutionär, so einzigartig wie alle, die mit sich allein sein können.

»In Deutschland sind 13 Millionen Menschen solo – und bereit für die Botschaft: Schluß mit traurig!«
Focus

05/1944/01/R

Kathrin Fischer, Sandra Maravolo

Liebe satt

Was Paare wirklich antörnt.
224 Seiten. Serie Piper

Oftmals dauert die Liebe länger als die Lust. Aber ist es dann noch Liebe? Geht das überhaupt: jahrelang ein Paar sein und trotzdem noch vor Begehren dahinschmelzen? Leicht ist das nicht, geben Sandra Maravolo, die optimistische Expertin mit eigenem Sexshop, und Kathrin Fischer, die eher skeptische Journalistin, zu, aber es ist möglich! Die beiden schlagfertigen Freundinnen spielen sich die Bälle zu, aus dem theoretischen Lager an die Beziehungsfront und zurück. Sie wissen, wie man den bösen Fallen »Double income no sex«, Babys im Bett oder dem Schweigen der Männer entkommt. Mit ihrer einzigartigen Kombination aus Erfahrung und Wissen, Pragmatik und Humor sagen sie dem Lustfrust den Kampf an. Ein Buch für Lang-Liebende!

05/1945/01/L

Bert Ehgartner

Die Lebensformel

Sieben Voraussetzungen für ein glückliches lange Leben.
336 Seiten. Serie Piper

Warum gelingt es einigen Menschen, ein glückliches langes Leben zu führen, während andere chronisch krank werden oder früh sterben? Auf der Suche nach Antworten auf diese Fragen durchforstete Bert Ehgartner alle beweiskräftigen Langzeitstudien der Medizin und fand heraus, dass die Entscheidung in der Lebensmitte fällt. Menschen, die bis ins hohe Alter ein aktives Leben führen, erfüllen bereits Jahrzehnte davor sieben wichtige Voraussetzungen. Mit dem eigens für dieses Buch entwickelten großen Lebensformel-Test können Sie schon heute ermitteln, wo Ihre persönlichen Risiken und Stärken liegen. In einem einfach zu realisierenden Sieben-Punkte-Programm hilft Ihnen das Buch, den optimierten Lebensstil zu finden, der Sie zu einem genussvollen glücklichen Leben führt.

05/1991/01/R

KABEL BY PIPER

Marie Theres Kroetz-Relin

If pigs could fly

Die Hausfrauenrevolution. In Zusammenarbeit mit Anja Quattlender. 271 Seiten. Broschur

Multitalent zum Nulltarif: Pädagogin und Putzfrau, Köchin und Kinderärztin, Sekretärin und Buchhalterin, Chauffeurin, Frisörin, Ernährungsexpertin, Inneneinrichterin, Psychotherapeutin, Muse und Event-Managerin, verständnisvolle Ehefrau und anspruchslose Geliebte – Hausfrau sein hat viele Gesichter.
Stellvertretend für 15 Millionen deutsche »Nur-Hausfrauen« ruft Marie Theres Kroetz-Relin zu Solidarität und Veränderung auf und versammelt die ersten mutigsten, provozierendsten und spannendsten Texte aus der Bewegung.

Die Revolution der Hausfrauen: wütend und trotzig, humorvoll und zärtlich, authentisch und kreativ.

07/1003/01/R